UNA ENTREGA PELIGROSA

El relato de Kay Warren de su entrega a un significado más profundo demuestra la manera de hallarle sentido al caos y el júbilo que caracteriza nuestra existencia. Mediante la humana y humilde sumisión de Kay, aprendemos, como ella lo hizo cuando decidió formar el «club seriamente perturbado y gloriosamente arruinado», que no podemos darnos el lujo de permanecer indiferentes.

Su excelencia, JEANNETTE KAGAME,
Primera dama de Ruanda

Kay Warren, como dice el famoso poema de Robert Frost, «tomó el camino menos transitado, y eso ha determinado toda la diferencia».

RICH STEARNS, presidente,
World Vision U.S.

El retrato íntimo de Kay acerca de su quebrantamiento nos recuerda lo que nuestra rendición a Dios en última instancia produce: una persona con el propio corazón de Dios por los que sufren. Este es un relato profundamente conmovedor que un mundo que observa y sufre necesita ver en la iglesia hoy.

WESS STAFFORD, presidente
Compassion International

Cuidado, al leer este libro usted tal vez luche con un ángel, tal como Jacob, y salte de gozo en el continuo descubrimiento de la rendición y el privilegio de servir a Jesús.

DEBORAH DORTZBACH, directora internacional
para programas VIH/SIDA, World Relief

Kay Warren es una leona incansable. Más que solo un llamado a un despertamiento ante el sufrimiento global, este libro es un manual sobre la obediencia a Cristo que cualquiera puede considerar.

STEVE HAAS, vicepresidente,
World Vision U.S.

Si usted piensa que este es un libro acerca de cómo ser la esposa de un ministro exitoso, se equivoca. Es el relato de alguien que modela el peregrinaje desde la religiosidad interesada en uno mismo hasta un amor incondicional a Cristo que permite abrazar a los leprosos de nuestra edad: las víctimas del VIH y SIDA.

TONY CAMPOLO, profesor emérito
Universidad Eastern

Una entrega peligrosa es un llamado para que la iglesia despierte. Ningún ministro puede darse el lujo de evadir su recorrido a través de la crisis del SIDA. Kay no solo nos relata su historia sino que les da a los lectores recursos reales para llevar a casa la lucha contra el VIH.

DAVID MILLER, miembro de la junta,
The AIDS Institute

En esta retadora obra de mi amiga Kay Warren, usted experimentará la aventura de una rendición completa a los propósitos de Dios para su vida. Después de leer *Una entrega peligrosa* usted nunca será el mismo.

DR. LOIS EVANS, vicepresidenta principal,
The Urban Alternative

Una entrega peligrosa es un relato personal acerca de llevar consuelo, amor y aceptación a los rechazados y olvidados del mundo. Aunque admite que la entrega incluye un precio, Kay sabe que «la causa vale el costo». Esta es una lectura obligada para todo el que está tratando de entender mejor su lugar en el mundo.

ALAN WITCHEY, director ejecutivo,
AIDS Services Foundation, Condado Orange, California

Una entrega peligrosa, de Kay, constituye un repicar de campanas para todos. Si confiamos en Dios con todo nuestro corazón, su divina voluntad por la sanidad y la salud desarrollará una persona a la vez. Todo lo que necesitamos hacer es rendirnos y decirle que sí a Dios.

DR. ROBERT REDFIELD, director, división de atención clínica e investigación,
Institute of Human Virology

UNA ENTREGA

LO QUE SUCEDE CUANDO SE LE DICE QUE «SÍ» A DIOS

PELIGROSA

KAY WARREN

La misión de Editorial Vida es proporcionar los recursos necesarios a fin de alcanzar a las personas para Jesucristo y ayudarlas a crecer en su fe.

UNA ENTREGA PELIGROSA
Edición en español publicada
por Editorial Vida -2008
© 2008 Editorial Vida
Miami, Florida

Originally published in the U.S.A. under the title:
Dangerous Surrender
Copyright ©*2007 by* **Kay Warren**
Published by permission of Zondervan, Grand Rapids, Michigan

Traducción: *Dr. Miguel Mesías*
Edición: *Madeline Díaz*
Diseño interior: *Eugenia Chinchilla*
Diseño de cubierta: *Grupo Nivel Uno, Inc.*

ISBN: 10: 0-8297-5366-4
ISBN: 13: 978-0-8297-5366-0

CATEGORÍA: VIDA CRISTIANA / CRECIMIENTO ESPIRITUAL

IMPRESO EN ESTADOS UNIDOS DE AMÉRICA
PRINTED IN THE UNITED STATES OF AMERICA

08 09 10 11 ❖ 6 5 4 3 2

A las personas VIH positivas que he conocido en los pasados cinco años, las cuales han enriquecido mi vida. Me ha quebrantado su sufrimiento e inspirado su valentía. Me uno a ustedes orando por el día en que el SIDA termine.

Mi Rey, el Señor Jesucristo, todo te lo debo a ti. Soy tu esclava; haz conmigo como quieras. Mi amor por ti está más allá de las palabras, y mi gratitud se puede medir solo por mi vida ofrecida en tu servicio. Mi respuesta siempre será que sí.

Contenido

Prólogo

Los libros que cambian vidas son escritos por vidas cambiadas. Estos son poderosos porque los autores han sido sacudidos hasta la médula y sus experiencias nos estremecen. Nos conmueven porque ellos han sido conmovidos. Nos transforman porque ellos han sido transformados. He presenciado cómo la vida de Kay ha sido alterada de forma radical por las verdades que ella relata en *Una entrega peligrosa*, así que espero que su vida también sea modificada. Lo que me encanta en este libro es la vulnerabilidad de Kay y su disposición a contar sus pensamientos más íntimos. Podemos impresionar a la gente a la distancia, pero para influir profundamente en otros tiene que permitirles que se acerquen a uno. Eso asusta a la mayoría de las personas hasta los huesos. Muchos viven vidas intrascendentes porque temen quedar expuestos. Permitir que las personas se acerquen a uno quiere decir permitirles que vean nuestros errores, faltas, fracasos y temores… y eso es la peor pesadilla de la mayoría de la gente. Queremos que nuestras vidas sirvan para algo, pero no queremos que nadie sepa en verdad lo que somos. Queremos solo reflejar un relato saneado de nuestras vidas, simplemente los puntos destacados. Sin embargo, eso elimina el drama de la lucha, la autenticidad y el poder para lograr un impacto en otros.

La autenticidad produce credibilidad, y las personas auténticas son singularmente convincentes. Cuando uno encuentra a alguien que es real, de forma natural gusta de esa persona y quiere conocerla. ¡Por desdicha, en nuestra cultura preocupada por la imagen, la autenticidad a menudo es fingida! Premiamos la interpretación de un papel. Tratamos a los actores como dioses por lo que pretenden ser en la pantalla, no por lo que en realidad son.

En agudo contraste, no hay pretensión ni postura en este libro. Kay lo dice todo tal como es: lo bueno, lo malo, lo feo, y las luchas de corazón que ella enfrentó al batallar con lo que más importa. Aquí tenemos un relato detallado de la guerra entre el propósito de Dios para nuestras vidas y el modo en que nuestra naturaleza y cultura nos tientan a vivir. No muchos están dispuestos a ser así de francos. *Una entrega peligrosa* es un libro valiente escrito por la mujer más valiente que conozco.

Puesto que Kay es mi esposa, puedo atestiguar de la autenticidad de su mensaje. He tenido un asiento en primera fila para observar su jornada, y después de treinta y dos años de matrimonio mis lentes ya no tienen un filtro nublado. Kay ha vivido una vida de entrega peligrosa, a veces a gran costo, y su vida ha transformado la mía también.

Así que prepárese para ser desafiado, consolado, persuadido, impulsado y transformado. La rendición no es la mejor manera de vivir; es la única manera de vivir.

RICK WARREN
The Purpose Driven Life
Global PEACE Coalition
Iglesia Saddleback

Reconocimientos

MI ESPOSO, RICK, ES UN HOMBRE ASOMBROSO. Yo sabía, cuando nos conocimos siendo unos atolondrados jóvenes de diecisiete años, que había algo singular en su persona. Nunca había conocido a nadie como él, ni lo he conocido hasta hoy. Rick constituye una clase por sí solo. A mí me gusta la rutina; a él le encanta el cambio… ¡el mismo lo consume, a decir verdad! Sin embargo, lo que nunca ha cambiado en él es su amor apasionado por mí. Siempre ha sido mi más grande admirador y fanático, incitándome a que desarrolle y use mis dones, a menudo por sobre mis protestas de: «¡No puedo hacer eso!» Él cree en mí y comparte conmigo con entusiasmo plataformas, mensajes y reflectores. No puedo imaginarme la vida sin él: mi esposo, pastor y mejor amigo durante treinta y dos años. Gracias, cariño, por sacrificar tus propios planes este año para que yo pueda escribir.

Nuestros hijos, Amy, Joshua y Matthew, además de sus cónyuges, Tommy y Jaime, llenan mi vida de deleite. Verlos atravesar las distintas etapas hasta convertirse en jóvenes adultos y formar sus propias familias ha sido maravilloso. ¿Y los nietos? ¡Vaya, son lo mejor! Kaylie, Cassidy y Caleb tienen a la abuela y al abuelo firmemente asidos por la nariz… ¡los queremos con locura! Mi familia es lo que me mantiene con los pies en la tierra: ellos son la fuente estable y constante de amor, estímulo, placer y alegría en mi vida. Gracias, hijos, por ser pacientes mientras yo estaba escribiendo; alentándome, orando por mí, leyendo el borrador del manuscrito y brindándome sus comentarios honestos. Los quiero mucho. (¡Matthew, te prometo que volveré a cocinar!)

Mi mamá y mi papá merecen gracias en abundancia. Fue su constante estímulo para que escribiera lo que empezó el sueño hace décadas, y sus gentiles acicates los que lo mantuvieron vivo. Mi única tristeza es que mi papá se fue a su hogar con el Señor en el 2006. No logramos celebrar el cumplimiento del sueño juntos en la tierra, pero estoy segura de haber oído gritos de entusiasmo en el cielo el día en que terminé el manuscrito. Gracias, papá; tú me enseñaste a amar a Jesús y me inspiraste a escribir. Gracias, mamá; tu placer y orgullo por mí son recompensa suficiente.

Dios sabía que la jornada a la que me estaba enviando iba a ser ardua, y que necesitaría una amiga íntima con quien recorrerla. Me envió una compañía sagrada en Elizabeth Styfee. Gracias, Elizabeth, por permitir que Dios te perturbe en serio en cuanto al sufrimiento y por enseñarme acerca de vivir como una mujer gloriosamente arruinada. Hemos viajado juntas por el mundo, desde los palacios presidenciales hasta las chozas de barro, y tu presencia ha hecho lo maravilloso más maravilloso y lo insoportable más soportable. El hermanamiento en el ministerio es la comunión más rica en esta tierra, y te estoy por siempre agradecida.

Mi grupo pequeño de otras tres parejas (eran cuatro, pero Bucky y Joann han regresado a Tennessee) es mi línea vital. Nos comprometimos a vivir la vida juntos. Nacimientos, muertes, bodas, funerales, cáncer, cirugías, crisis de trabajos, emergencias de familia, tensiones financieras; lo hemos atravesado todo, y planeamos envejecer juntos. Ustedes, amigos, me animan cuando necesito estímulo, me corrigen con gentileza cuando me salgo de la base, oran por mí cuando estoy lista para echarlo todo por la borda, me traen helado cuando tengo el ánimo por los suelos, me señalan a Jesús como la única solución a mis luchas más hondas, y han prometido ayudarme a llegar a ser la mujer santa que anhelo ser. Gracias Tom y Chaundell, Brett y Dee, Glenn y Elizabeth; y mi cariño, Rick.

Cuando me interesé en el VIH y el SIDA, no sabía absolutamente nada. ¡Tenía delante de mí una curva muy empinada de aprendizaje! Dios proveyó numerosos maestros, mentores y amigos en el camino: Steve Haas, Debbie Dortzbach, Dr. Robert Redfield, Dr. Robb Sheneberger, Dr. Athanase Kiromera, Dr. Carla Alexander, Dr. Paul Cimoch, Dr. Rebecca Kuhn, y Shepherd y Anita Smith.

Muchas gracias a la maravillosa gente de Zondervan y a mi editora y amiga, Cindy Lambert. Gracias también a Sandra Vander Zicht y Dirk Buursma.

Cómo beneficiarse con este libro

Alguien me pidió una vez que definiera el cristianismo en una sola palabra, y después de reflexionar algo, respondí: «Todo se reduce a una entrega». Todo lo que sé en cuanto a una relación personal con Jesucristo empieza y termina con una entrega, con decirle que sí a Dios. Esta diminuta y sencilla palabra da inicio a una vida emocionante, que altera la existencia y le llevará a lugares a los que nunca pensaba ir, tanto de manera literal como figurada.

En mi propia jornada de entrega a Dios he presenciado lo mejor y lo peor que este mundo ofrece. He viajado a prostíbulos y lugares de veraneo, palacios y chozas de barro. En el camino he conocido a presidentes y prostitutas, multimillonarios y mendigos. He tenido en mis brazos a bebés recién nacidos gritando con fuerza y a mujeres moribundas diciendo en un susurro sus últimas palabras.

La jornada ha sido sobre nuevas realidades internas así como también acerca de realidades externas. Dios además me ha llevado a lugares dentro de mí misma a los que nunca esperaba ir. He experimentado lo mejor y lo peor de mí. En ese proceso, Dios ha llegado a ser más real y personal.

Pienso que al leer este libro usted encontrará estos mismos inesperados altibajos. Por eso le recomiendo que busque un compañero de lectura desde el comienzo. La mayoría de nosotros aprendemos mejor cuando tenemos la oportunidad de procesar y conversar con alguien más acerca de lo que estamos leyendo.

La lectura no será fácil ni siempre agradable; este no es un libro para leer cuando lo que busca es un paseo alegre por un mundo imaginario. No obstante, si lo que anhela es algo que en realidad no puede definir, está listo para *Una entrega peligrosa*.

Al final de cada capítulo aparecen algunos pasos sencillos para ayudarle a empezar a aplicar los principios de la entrega. A primera vista pueden parecerle tan demasiado básicos que tal vez se vea tentado a ignorarlos; pero tienen el propósito de poner la entrega a su alcance. ¡Cualquiera puede lograrlos!

La lectura de *Una entrega peligrosa* tal vez haga surgir preguntas en su mente. Es más, espero que usted llegue al final de cada capítulo y descubra que tiene más preguntas que respuestas en cuanto a cómo aplicar los principios a su propia jornada espiritual.

¡No se desanime! Con toda intención he mantenido la manera de hacer esto un poco vaga. De seguro hubiera sido más fácil si le hubiera dado los pasos uno, dos y tres para llegar a ser un hombre o mujer peligrosamente entregados. Pero así no es la vida real. Nadie llega a la madurez espiritual siguiendo una fórmula; por lo menos yo no he experimentado tal cosa. Más bien, he incluido una sección al final del libro con cinco o seis preguntas por capítulo para permitirle que luche con los nuevos pensamientos e ideas provocados por su lectura. Estas preguntas examinan debajo de la superficie para ayudarle a procesar sus reacciones y concebir respuestas que a la larga le llevarán a un cambio en su pensamiento y conducta.

Ahora, hablemos.

CAPÍTULO 1

Atisbando por las rendijas

A todo el que se le ha dado mucho, se le exigirá mucho.
Lucas 12:48

Si mediante un corazón quebrantado Dios puede realizar sus propósitos en el mundo, agradézcale por quebrantar su corazón.

Oswald Chambers, *My Utmost for His Highest*
[En pos de lo supremo], 1 de noviembre

No lo vi venir.

Me desperté en un día normal, para el que había considerado un horario típico. No tenía planeado nada fuera de lo ordinario; cosas de rutina llenaban el calendario. No tenía ni la menor idea de que Dios estaba a punto de estremecer mi mundo y cambiar para siempre la trayectoria de mi vida.

Sin darme cuenta del cambio radical que me esperaba ese día de primavera en el 2002, me senté en el sofá de mi sala con una taza de té y tomé uno de los semanarios a los que estábamos suscritos. Noté que había una crónica relacionada con el SIDA en África, así que abrí al descuido esa sección, no porque me interesara el SIDA en África (no me importaba el SIDA en ninguna parte, mucho menos en África), sino porque quería estar al día con las noticias. Al empezar a leer, me percaté con rapidez de que los cuadros gráficos que acompañaban el artículo eran horrorosos: hombres y mujeres esqueléticos, niños tan débiles que no podían espantar de su cara las moscas. No podía mirarlos, pero por alguna razón extraña me sentí obligada a seguir leyendo. Me cubrí en parte los ojos con las manos tratando de atisbar por entre las rendijas de mis dedos a las palabras sin ver las caras de los hombres, mujeres y niños muriéndose.

Dios es sabio en realidad, y sabía con exactitud cómo pasar por alto mis débiles intentos de bloquear las perturbadoras fotografías. Si él no podía captar mi atención con los retratos, usaría las palabras. La frase «doce millones de niños huérfanos debido al SIDA en África» saltó de las páginas de la revista y se imprimió en mi mente. Quedé estupefacta, aturdida y, francamente, incrédula. «No», dije en voz alta, «ni en sueños puede haber doce millones de niños huérfanos en un lugar de una vez debido a solo una enfermedad. Yo no conozco ni siquiera a un huérfano, ¿cómo puede haber doce millones?» Y tiré horrorizada la revista al piso.

Sin embargo, no pude librarme de esta nueva realidad con tanta facilidad. Esa noche me acosaba el pensamiento de doce millones de niños y niñas que habían quedado solos, cuyos padres fueron víctimas del SIDA. Al quedarme dormida, mi último pensamiento fue para los huérfanos, despertándome a la mañana con sus caritas flotando en mi mente. ¡De repente el SIDA, África y los huérfanos estaban en todas partes! Todo periódico que tomaba tenía un artículo acerca del SIDA en África; parecía como si todo noticiero se hiciera eco de la crónica. En las próximas semanas traté de escaparme de las historias y los retratos, pero no pude.

Dios y yo empezamos una intensa conversación interna. Mi primera discusión con él fue sobre el número de personas infectadas por el VIH, el virus que causa el SIDA, y el número de huérfanos dejados a su paso. Razonaba para mí misma que los medios de comunicación debían estar exagerando los números. Puesto que me consideraba bastante conocedora de las situaciones globales, con certeza lo sabría si existiera un problema de esta magnitud.

Con el paso de los días, el diálogo interno con Dios continuó de forma incesante, pero también empezó a cambiar de enfoque. Poco a poco empecé a aceptar que mientras yo había estado criando a mi familia y sirviendo en mi iglesia, una crisis humanitaria de proporciones gigantescas había estado creciendo en nuestro planeta. No se trataba de una exageración de los medios de comunicación ni de una propaganda para recabar la simpatía para una causa menor. Algo trágico y terrible estaba sucediendo justo delante de mis narices.

Me sentí impotente para hacer algo en cuanto a la nueva realidad que se presentó frente a mis ojos. Clamé a Dios: «¿Por qué me fastidias con esto? No hay nada que pueda hacer al respecto. Soy simplemente una persona común. ¿Qué puede hacer una persona con relación a un problema tan gigantesco? Y, de paso, en caso de que no lo hayas notado, soy una mamá caucásica, suburbana, con una mini furgoneta. ¿Qué sé yo sobre una enfermedad en África?»

Después de un mes de una lucha angustiosa con Dios, llegué al punto en que tenía que tomar una decisión consciente. ¿Retrocedería a mi vida cómoda y mis planes establecidos, pretendiendo no saber nada en cuanto a la pandemia del VIH, el SIDA y los millones de huérfanos? ¿O me entregaría al llamado de Dios y permitiría que mi corazón se dedicara a una causa que estaba bastante segura que incluiría mucho dolor y tristeza? No sabía lo que sucedería si decía que sí a este impulso cada vez más fuerte de intervenir… ¿y qué significaba incluso «intervenir»? Me sentía como si estuviera parada al borde de un gigantesco precipicio; no podía retroceder, y sin embargo, dar un paso al frente parecía como dar un paso hacia el vacío.

El momento de la decisión llegó. Con los ojos cerrados y los dientes bien apretados, al fin dije que sí. En el instante en que lo hice mi corazón se rompió, y yo quedé destrozada. Era como si Dios hubiera tomado mi corazón y lo hubiera hecho pasar por una máquina trituradora de madera: lo que entró fue una «rama», pero lo que salió por el otro lado fue un corazón reducido a un millón de fragmentos. Con la velocidad del relámpago, Dios me quitó de los ojos la venda de apatía, ignorancia y complacencia, y me abrumaron las realidades del sufrimiento que me reveló. Sentí una nueva clase de dolor; un dolor que se siente como si hubiera salido de lo más hondo de mis entrañas. Me encontré llena de tristeza y aflicción. Lloré como si fuera la que estuviera enferma, o fuera mi hijo el que estaba muriéndose, o hubiera sido yo la que había quedado huérfana. No sabía casi nada en cuanto al VIH y el SIDA, pero mi corazón al instante quedó ligado a los que lo conocían de forma íntima. Como el apóstol Pablo al ser derribado de su burro en el camino a Damasco (ver Hechos 9), fui cambiada por mi encuentro con la verdad.

Me convertí en una mujer seriamente perturbada.

De repente me consumía un deseo de aprender sobre el VIH y el SIDA. Devoré todo libro, artículo y vídeo del que pude echar mano. Busqué en la Internet los sitios en la red que pudieran enseñarme acerca de esta crisis global. Consulté con profesionales de atención a la salud. Propagué la palabra entre todos mis contactos, en busca de alguien que pudiera ayudarme a entender cómo empezó el VIH y el SIDA, lo que se sabía al respecto y lo que se podía hacer. Estaba perturbada, casi frenética, en medio de mi prisa por recuperar el tiempo perdido.

Perturbada

La palabra *perturbada* a menudo se asocia con la enfermedad y la inestabilidad mental. Decimos que «está perturbado» cuando describimos a alguien que reacciona de una manera demasiado emocional o parece estar trastornado emocionalmente. Quiero redefinir esta palabra, porque estoy convencida de que Dios está buscando unas cuantas personas perturbadas. Él está buscando hombres y mujeres, estudiantes y jóvenes que le permitan perturbarlos haciéndoles ver en verdad el mundo en que viven… perturbarlos tanto que se sentirán compelidos a hacer algo respecto a lo que ven.

La mayoría de nosotros hemos crecido en una cultura que promueve precisamente el enfoque opuesto. Los padres les dicen a los hijos: «Nunca hables de política o religión; esos temas hacen que la gente se sienta incómoda». Y en su mayor parte obedecemos este edicto cultural. En lugar de hablar de temas incómodos, hablamos del último programa de la televisión, o de las figuras deportivas famosas, o del precio de la gasolina. ¡Los creyentes son tan culpables como los no creyentes! Peor todavía, nos rehusamos a hablar de los temas dolorosos y perturbadores: la prostitución infantil, la explotación de los niños, las violaciones, la pobreza, la injusticia, el odio étnico, la codicia, el materialismo, la destrucción del medio ambiente, el VIH y el SIDA. Estos son temas perturbadores. No obstante, si bien no nos perturba el mundo en que vivimos, nos consume lo trivial, lo insignificante y lo temporal. Pasamos nuestros días persiguiendo las metas equivocadas, viviendo según la medida errada de éxito, evaluando nuestro legado por las normas equivocadas.

Las palabras de Jesús: «A todo el que se le ha dado mucho, se le exigirá mucho» (Lucas 12:48) empezaron a reverberar en mi mente, tomando su lugar junto a las imágenes perturbadoras que había visto. Se me había dado mucho, ¿cuál era mi responsabilidad en retribución? Dios nos dice con claridad: «Ya se te ha dicho lo que de ti espera el Señor: Practicar la justicia, amar la misericordia, y humillarte ante tu Dios» (Miqueas 6:8). Empecé a preguntarme cómo aplicar esta verdad a mi vida. ¿Cómo el hecho de llegar a ser una persona seriamente perturbada afecta la manera en que vivo?

Pronto me di cuenta de que el primer lugar que debía ser estremecido era mi enfoque en la comodidad personal. En lugar de estar perturbada, estaba cómoda. No tenía quejas. Mis necesidades materiales estaban más que satisfechas. Vivía en una hermosa parte del país. Disfrutaba de un matrimonio rico y satisfactorio. Mis hijos me hacían sentir orgullosa, pues son buenos seres humanos. Tenía amistades significativas que proveían compañerismo y diversión. Participaba en múltiples ministerios en mi iglesia que me encantaban.

Es muy fácil que permanezcamos ajenos y sin que nos toque el sufrimiento que define la existencia de la vasta mayoría de las personas del planeta. He leído que si uno tiene comida en la refrigeradora, ropa sobre los hombros, un techo encima de nuestra cabeza, y un lugar donde dormir, es más rico que el setenta y cinco por ciento de las personas de este mundo. Si uno tiene algo de dinero en el banco y en la cartera, así como algunas monedas en un platillo en alguna parte, se halla entre el superior ocho por ciento de los más ricos del mundo… ¡el noventa y dos por ciento tiene menos para vivir de lo que uno tiene! Si nunca hemos experimentado el peligro de la batalla, la soledad de la prisión, la agonía de la tortura, o los retortijones del hambre, estamos por encima de quinientos millones de personas en el mundo. Y si podemos asistir a los cultos de adoración en la iglesia sin temor al hostigamiento, el arresto, la tortura o la muerte, somos más bendecidos que tres mil millones de personas en el mundo.

No le digo esto para hacer que se sienta culpable, pero sí espero que se sienta incómodo. Espero que estas estadísticas le perturben. Dios, en su soberanía, decidió que usted naciera y le permitió vivir en un lugar que tiene casi todo lo que cualquiera jamás podría desear, así que no hay culpa en que él haya ordenado nuestras vidas de esa manera. La única culpa que cargamos es la de ignorar a los hombres, mujeres y niños de este mundo que no tienen lo que nosotros tenemos… la culpa de gastar la mayor parte de nuestro tiempo, dinero y recursos exclusivamente en nosotros mismos y nuestras familias. Eso es culpa legítima.

Digamos que algo está empezando a agitarse en su alma mientras lee. ¿Qué va a hacer al respecto? ¿Por dónde va a empezar? ¿Cuál es la voluntad de Dios para usted y el mundo destrozado en que vive?

Una cosa sé con certeza: la voluntad de Dios empieza con la entrega.

Entrega peligrosa

Entregarse es una palabra no muy agradable para muchos de nosotros. En su mayor parte tiene connotaciones negativas. Algunos sinónimos son ceder, darse por vencido, admitir derrota, deponer las armas, someterse, rendirse, capitular. Una entrega implica fracaso, una decisión que se toma solo cuando se está irrevocablemente entre la espada y la pared, una concesión del conquistado al conquistador, una estropeada bandera blanca que se agita de forma débil. Con razón evitamos hablar de la entrega. No es muy atractiva para los que se ven a sí mismos como fuertes. Una de las ilusiones más sostenidas por los occidentales como yo es que somos duros e independientes, y muy seguros de que no necesitamos de nadie. Llevamos estas ilusiones a nuestras vidas espirituales por igual, y hacer esto impide que muchos sigan a Cristo. «¿Rendirme a

Dios? No gracias. Yo puedo valerme en la vida por mí mismo». Incluso los que hemos reconocido nuestra necesidad de Jesucristo como nuestro Salvador tenemos dificultades para entregarle nuestra voluntad a diario; simplemente estamos demasiado llenos de nosotras mismas, demasiado en control, demasiado orgullosos.

Desde la perspectiva de Dios, sin embargo, la sumisión a su voluntad tiene solo connotaciones positivas. Rendirse quiere decir que hemos llegado al final de nuestra independencia de él, nuestra confianza en nuestra autosuficiencia y nuestra insistencia en que no lo necesitamos. ¡Entregarnos a Dios lo cambia todo! ¿Por qué acompañar la entrega con la palabra peligrosa? Porque no nos entregamos a un personaje que es un abuelo benevolente pero impotente, nos sometemos al Dios todopoderoso, el Creador y Sustentador del universo. Aslán, el personaje inventado por C. S. Lewis en Las Crónicas de Narnia, muestra a Dios como un imponente león… bueno, pero con certeza no seguro. Exploraré más este concepto en el capítulo siguiente, pero este es un comienzo. Por favor, sepa que entregarle su vida a Dios es el paso más audaz y arriesgado que usted puede dar. Entregarse peligrosamente a Dios le permite conocerle de maneras cada vez más hondas y participar a plenitud en su voluntad.

La fotografía revelándose

Antes de ese día de primavera en el 2002, pensaba que sabía lo que era la voluntad de Dios para esa etapa de mi vida. Rick y yo estábamos entrando en la temporada del nido vacío. Nuestro hijo menor estaba en el último año de la secundaria, y nosotros teníamos nuestra vida planeada. Sentíamos un profundo amor por los pastores y misioneros, y disfrutábamos al máximo usando nuestros dones espirituales de enseñanza. Esperábamos pasar la segunda mitad de nuestras vidas viajando por el mundo enseñando y animando a las parejas en el ministerio. En realidad era un buen plan para nuestro futuro.

Solo que no era el plan de Dios.

A través de los años he hallado que descubrir la voluntad de Dios a menudo se parece a mirar una fotografía Polaroid sin revelar. Cuando la cámara expulsa la fotografía, la imagen es gris y sin forma, pero mientras más uno la mira, más clara se vuelve. El día en que decidí preocuparme por las personas con VIH y SIDA, Dios me entregó una fotografía Polaroid nebulosa. No sabía exactamente lo que él quería que hiciera. No tenía una agenda ni un plan en mente, ninguna estrategia a largo plazo… solo sabía que no podría enfrentarme a Dios algún día y decirle que había ignorado el sufrimiento de millones de personas simplemente porque me hacía sentir incómoda, o porque no sabía qué hacer al respecto. El cuadro no se hizo claro al instante, pero en el curso de varios años se ha aclarado cada vez más. Ahora «veo» más de lo que Dios tenía en mente para mi papel en cuanto a detener la pandemia del SIDA.

Por supuesto, con el advenimiento de la tecnología digital las cámaras Polaroid se están volviendo obsoletas. Ahora nos impacientamos debido a un proceso tan lento… ¡queremos claridad al instante! No queremos esperar a que la fotografía se revele. Cuando percibimos que Dios nos está dirigiendo a una nueva jornada, deseamos tener enfrente toda la información al momento. Queremos que Dios llene los formularios de viaje por triplicado, nos de una hoja de ruta detallada antes de empezar el viaje, y nos garantice nuestra llegada segura al destino. Queremos las recompensas de llevar vidas de fe sin tener en realidad que demostrar fe. Para que usted llegue a ser una persona de fe seriamente perturbada, rendida, tendrá que estar dispuesta a decir que sí de antemano, a darle a Dios su respuesta antes de haber oído la pregunta.

Mi amigo Gary Thomas con frecuencia me presenta el reto de crecer espiritualmente a través de sus nociones, las cuales examinan mi fe por debajo de la superficie. Él escribe: «He aprendido que la fe no es probada por cuán a menudo Dios responde a mis oraciones con un sí, sino por mi disposición a continuar sirviéndole y agradeciéndole aunque no tenga ni la menor idea de lo que él está haciendo».[1]

Tendemos a pensar que solo las superestrellas, los triunfadores brillantes, los que tienen una presencia despampanante y los atletas con talento natural pueden determinar una diferencia en el mundo mediante su entrega peligrosa. La gran noticia es que el plan de Dios para lograr que su obra se haga en el mundo incluye más que superestrellas.

Gente común

Miro hacia atrás al día en que Dios captó mi atención y la dirigió hacia el VIH y el SIDA y me doy cuenta de que no vi esto venir por varias razones, pero en su mayor parte porque nunca se me ocurrió que yo tuviera nada significativo que ofrecer para un problema global. Nunca me había visto a mí misma como una persona dotada o talentosa en particular, sino solo como alguien promedio y muy común.

Cuando era niña, deseaba ser una gran estudiante en la escuela, pero mis mejores esfuerzos nunca me colocaron en la lista del decano ni me calificaron para becas académicas. Yo era simplemente una alumna promedio. Debido a que soy hija de un pastor, todos esperaban que aprendiera a tocar el piano, así que tomé lecciones. Tenía visiones de mí misma dando una gran gira, tocando de forma imponente para públicos que supieran apreciarlo, tal vez incluso grabando un disco o dos con mi música. Sin embargo, descubrí que aunque puedo tocar el piano soy solo promedio. Nadie jamás me pedirá que produzca un disco compacto de música clásica, y tampoco nadie me ha ofrecido organizar giras. Me di cuenta de que soy promedio en lo académico y en el departamento del talento, pero mantuve por un tiempo la esperanza de llegar a ser del tipo fabuloso de la Señorita América. Es más, solía esperar con ansias el concurso anual. Anhelaba tener el cuerpo y la cara perfectos que tienen todas las competidoras del concurso Señorita América. Escudriñaba el espejo de mi baño en busca de señales de una belleza floreciente, pero nunca vi ninguna. Aunque nadie me había dicho que era fea, nunca al entrar a un salón oí las expresiones contenidas de los presentes impresionados por mi belleza. Soy simplemente promedio.

Para cuando Rick y yo nos casamos, estaba bastante desalentada por la manera en que había resultado mi vida. Era tan promedio, tan nada. Usted tal vez pensaría que podría haberme casado con un Pepe promedio que fuera a tono como mi propio estatus percibido, ¡pero en lugar de eso me casé con un superastro! Rick siempre estuvo a la cabeza de todo en lo que ponía su mano… ¡siempre! Triunfó en los estudios. Era popular, talentoso y confiado en sí mismo. Fue presidente de todo club al que se unió, y el anaquel de trofeos en su sala estaba repleto de los galardones que él y su hermana menor, Chaundell, habían acumulado. Rick tenía grandes sueños para su vida. Sin embargo, un verano, mientras trabajaba como salvavidas en un campamento evangélico, Rick le entregó su vida Cristo y nació un nuevo sueño. Su enfoque cambió de los negocios al ministerio, y se convirtió en un apasionado seguidor de Jesucristo.

Después que Rick se graduó del seminario en Fort Worth, Texas, nos mudamos de regreso a nuestra nativa California y fundamos Saddleback Valley Community Church en 1980. Con Rick al timón, la iglesia creció exponencialmente tanto en número como en profundidad espiritual. Yo era todavía un pez fuera del agua, luchando por mantenerme a flote. Él era un superastro; yo era más como una «centellante estrellita». Un par de años después de iniciar la iglesia, sin embargo, Dios y yo tuvimos un encuentro que llegó a ser un momento crucial, uno al que puedo mirar de nuevo una y otra vez para recuperar la fuerza.

Se me había pedido que hablara en una de las reuniones de nuestras mujeres y a regañadientes acepté. Estaba trabajando con los niños de nuestra iglesia en ese tiempo porque los chicos son seguros: no tenía que preocuparme de que me juzgaran inepta; me figuraba que ellos no se preocuparían si les contaba el relato bíblico al revés o al derecho. Camino a la reunión, empecé a llorar y a sentir lástima de mí misma, algo que hacía de forma regular: «Dios, tú has cometido la más terrible equivocación. ¿Por qué no me hiciste mejor? Deberías haberle dado a Rick una esposa diferente, una más bonita, más talentosa, más dotada, más inteligente. Yo simplemente no estoy a su altura». No lloro de una manera atractiva; con apenas unas pocas lágrimas mis ojos se hinchan y se vuelven rojos, así que encendí la radio para tratar de distraerme de mi angustia.

¡Entonces sucedió!

En ese momento exacto estaba sonando en la radio un canto que Dios envió desde su corazón al mío:

Personas comunes

Simplemente personas comunes,
Dios usa a las personas comunes.
Él escoge a personas como tú y como yo
Que están dispuestas a hacer lo que él ordena.
Dios usa a las personas que le dan todo,
Sin que importe lo pequeño que tu todo pueda parecerte;
Porque lo poco se vuelve mucho cuando lo pones en las
*   manos del Maestro.*
Ah, tal como el muchachito
Que le dio a Jesús todo lo que tenía;
Cómo fue alimentada la multitud
Con los pescados y los panes.
Lo que tú tienes tal vez no parezca mucho,
Pero cuando lo ofreces al toque
De la mano amorosa del Maestro, sí,
Entonces entenderás cómo tu vida
*   nunca será la misma.* *

Danniebelle Hall

---

* Letra en inglés de Danniebell Hall, Forever Daniebelle Ministries, Usado con permiso de EMI Christian Music Group. Reservados todos los derechos. Traducción al español de Miguel A. Mesías E.

Ahora sí que las lágrimas en realidad corrieron, pero en lugar de lágrimas de lástima por mí misma fueron lágrimas de gozo y paz. ¡Dios me escogió para ser una persona común! Él podía haberme hecho más lista, más talentosa y más hermosa si lo hubiera deseado, pero sus manos de amor me forjaron de la manera en que quería que yo fuera. ¿Por qué? Porque mi condición de persona común, rendida a Dios, le permite hacer surgir el milagro a partir de mi vida de la misma manera en que les dio de comer a miles de personas hambrientas con dos diminutos pescados y cinco panes hace casi dos mil años. En verdad, lo poco se vuelve mucho cuando se pone en sus manos.

Ese día le ofrecí todo lo que soy y todo lo que no soy. Le dije: «Dios, ya estoy harta de quejarme y lamentarme por ser solo alguien promedio. Perdóname por acusarte de cometer un error cuando me creaste. De aquí en adelante acepto con gozo tu decisión de hacerme una persona promedio. Me entrego a ti. Úsame donde quieras, cuando quieras y de la manera en que escojas. Aquí te entrego lo que soy y poseo; ¿podrías multiplicarlo milagrosamente?» Esa sencilla pero honesta oración de rendición fue la decisión más peligrosa que jamás he tomado.

Los pasados veinte años han provisto incontables oportunidades de llevar a la práctica mi promesa de estar contenta con lo que soy y con quién Dios me creó para ser. Él aceptó la entrega de mi condición común y ha multiplicado mis magras ofrendas una y otra vez. He pasado muchos años desarrollando el don de enseñanza que descubrí cuando dejé de tenerle miedo a todas las comparaciones con Rick. Estaba por completo satisfecha con mis planes futuros de hablar y enseñar por todo el mundo. No obstante, Dios interrumpió mis planes y me perturbó seriamente en ese día profético cuando leí un artículo en una revista sobre el VIH y el SIDA en África.

Modelo de entrega

En esta jornada de llegar a estar más plenamente entregada a Dios me he beneficiado mucho de algunos modelos ejemplares: otras personas que me mostraron la manera de llegar a someterme por completo a Dios. María, la madre de Jesús, ha sido un modelo de entrega para mí. En realidad, más que cualquier otro personaje de la Biblia, María incorpora la extensión plena de lo que quiere decir entregarse uno mismo a Dios. Ella fue una mujer de carne y hueso que hizo el compromiso insólito de ponerse a sí misma a disposición de Dios cuando el ángel le anunció que llevaría en su vientre al Salvador. Y el resto de su vida le ofreció la oportunidad de cumplir esa promesa. ¿Iría ella en realidad a confiar en Dios? ¿Confiaría en él lo suficiente para decirle que sí sin saber a dónde la llevaría su entrega?

No había nada en María desde una perspectiva externa que la hiciera merecedora de constar en la lista de «¿Quién es quién en los Estados Unidos de América?» o de «Las mujeres más ampliamente admiradas», mucho menos que la calificara para llevar en su cuerpo al Hijo de Dios. Ella era joven, pobre y probablemente sin educación, sin embargo, Dios la honró con una responsabilidad de la cual la mayoría de nosotras las mujeres huiríamos. Ella podía haber discutido largo y tendido con el ángel que le anunció la selección de Dios para dar a luz a su Hijo, señalando las razones obvias de que él estaba cometiendo un gran error. Podía haber ofrecido excusas razonables para declinar esta «oferta generosa», tal vez incluso sugiriendo a unas pocas de sus amigas a las que Dios podría más bien considerar. Por inconcebible que sea desde nuestro punto de vista en la historia, ella podía haberse rehusado de plano. Pero sus débiles protestas murieron pronto. Sin tener idea de lo que significaría para ella su sí, se rindió: «Aquí tienes a la sierva del Señor —contestó María—. Que él haga conmigo como me has dicho» (Lucas 1:38). ¡Eso es *Una entrega peligrosa*!

María entregó su cuerpo para que llegara a ser el lugar donde el Salvador se desarrolló y creció. Ella abandonó su reputación previamente estelar al chisme del pueblo, que con gusto especuló sobre su vida privada. Abrió su corazón ampliamente para amar a un niño como solo puede amar una madre. Le vio llegar a convertirse en un hombre que la aturdió, la dejó confusa, y con mucha probabilidad la lastimó por su negativa a tomar el lugar de José en la carpintería. Ella le siguió de un lado a otro durante los tres años de su ministerio público, tal vez simplemente esperando estar cerca de él. Con horror creciente observó cómo su popularidad se desvanecía cuando él no vivió a la altura de la idea errónea que tenían los demás acerca de cómo debería ser el Mesías. Por último, se enteró de la noticia de que lo habían arrestado, flagelado hasta dejarlo irreconocible, y ofrecido como sustituto por un criminal convicto llamado Barrabás.

Toda una vida de decir que sí culminó en ese horroroso día cuando ella estuvo cerca de su cruz, destrozada por la vista de su precioso hijo aborrecido, sangrando, quebrantado, colgando de un madero… y todavía dice que sí. No hay ningún registro de que ella se hubiera desatado contra Dios en su aflicción, acusándolo de involucrarla en un mal negocio o de engañarla para llevarla a este lugar de extrema agonía; no hay ninguna anulación de su sí. Incluso le entrega de nuevo su corazón quebrantado al que la había escogido para que lo use según sus propósitos. Ella vio a su hijo masacrado cruelmente, colocado en una tumba, resucitado y después ido para siempre, esta vez de regreso al cielo. ¿Le daría el decir que sí alguna vez gozo al alma de María, o acaso su sí siempre vendría con una cuchillada a su corazón?

Más adelante, en el libro de Hechos, se nos dice que María estaba con los ciento veinte discípulos, los cuales estaban escondidos en el aposento alto después que Jesús ascendió al cielo, así que ella probablemente estaba allí cuando el Espíritu Santo les fue dado a todos los creyentes. Finalmente ahí está la liberación, la redención, las respuestas a sus preguntas. La entrega tiene sentido; el cuadro por fin es claro. No obstante, María no esperó hasta que todo fuera claro como el cristal para entregarse a Dios. No insistió en que la voluntad de Dios viniera sin ningún sufrimiento aledaño; ella simplemente dijo: «Aquí tienes a la sierva del Señor … Que él haga conmigo como me has dicho» (Lucas 1:38)

Puedo imaginarme que tal vez las mujeres nos veamos tentadas a hacer a un lado a María porque su experiencia sucedió hace mucho tiempo atrás, y digámoslo tal como es, ¡nunca ha habido otra persona a la que se le haya pedido que sea la madre de Dios! Es fácil desconectarnos de su entrega porque parece muy distante del mundo en que vivimos. Sin embargo, no es tan fácil ignorar los relatos de hombres y mujeres comunes que viven hoy. En todos estos capítulos voy a presentarles a personas que he conocido y que han encontrado a Dios y han recibido el reto de entregarle sus vidas. Todo empieza con una disposición a no ponerle límites a lo que Dios puede hacer en nuestra vida. No podemos dictarle lo que vamos a permitirle o no.

Otro modelo ejemplar significativo para mí al aprender cómo entregarme por completo a Dios es el de François Fénelon. Él fue un sacerdote francés muy respetado, nombrado por el rey Luis XIV para ser tutor de su nieto y futuro heredero del trono. Sus escritos nunca dejan de hacer que examine la profundidad de mi entrega a Cristo. Considere esto:

> El querer servir a Dios según algunas condiciones, pero no otras, es servirle a tu propia manera. No obstante, no ponerle límites a tu sumisión a Dios es en verdad morir a ti mismo. Así es como se adora a Dios. Entrégate a Dios sin medida. Permite que su vida fluya a través de ti como un torrente. No temas nada en el camino en que andas. Dios te guiará de la mano. Permite que tu amor por él eche fuera el temor que sientes por ti mismo.[2]

La vida de Dave y Carolyn McClendon había empezado a ser más calmada. Sus hijos habían crecido. Dave se había jubilado de la Coca-Cola y Carolyn de la Boeing. Entonces oyeron un mensaje que di sobre el VIH, el SIDA y la compasión de Dios por los enfermos. Quedaron intrigados y vinieron a una sesión de capacitación que auspiciamos para los interesados en ofrecerse como voluntarios en una clínica local de SIDA en su barrio. Respondieron diciendo: «Sí, lo que sea que podamos hacer, Señor». Lo que empezó como unas pocas horas a la semana conduciendo a pacientes de VIH positivos a sus citas con los médicos dio paso a un ofrecimiento de ayuda en un banco de alimentos, lo cual llevó a buscar amigos, vecinos y un grupo pequeño de miembros que se ofrecieran como voluntarios. Mes tras mes hallaron sus vidas cada vez más entretejidas con las de hombres y mujeres que estaban buscando cuidado en la clínica, y antes de que transcurriera mucho tiempo conocieron a una mujer camboyana muy enferma con una hija joven, con la cual Dave y Carolyn entablaron amistad. Para su sorpresa, la madre le preguntó a Dave y Carolyn si podían ser los guardianes de su hija cuando ella muriera. ¿Qué podían Dave y Carolyn decir? ¿Cómo podían negarse a esa petición tan tierna? ¿Cómo podían mirar a los ojos de la madre y decirle que ellos no cuidarían a su atesorada hijita? Así que dijeron que sí.

Dave y Carolyn son ahora guardianes de una niña de once años. Ella pasa cinco o más días y noches a la semana en la casa de ellos. La calidad de guardianes de los McClendon incluye una variedad de responsabilidades y privilegios que van desde ayudarla con las tareas escolares hasta enseñarle cómo montar bicicleta; desde llevarla a paseos al zoológico y Disneylandia, conducirla a la iglesia, y enseñarle del amor de Dios, hasta atender los detalles mundanos de las visitas al médico. La madre y la hija han llegado a formar parte de la familia de Dave y Carolyn, participando en todas las cenas y celebraciones familiares. Dave y Carolyn le dijeron a Dios que harían cualquier cosa que él deseara que ellos hicieran, y que no pondrían ningún límite a lo que él pudiera hacer con ellos mediante su entrega… y Dios les tomó la palabra en serio.

¿Cómo le hace sentir la lectura de la experiencia de los McClendons? ¿Inspirado o tal vez intranquilo? Si la experiencia de ellos (o cualquier cosa que usted haya leído hasta aquí) le ha puesto nervioso, tal vez se vea tentado a leer el resto del libro «atisbando por las rendijas» de sus dedos, con miedo de leer y sin embargo temeroso de dejarlo. Me siento tentada a tratar de aliviar cualquier incomodidad que pudiera sentir y decirle que todo saldrá bien, que el camino escogido para usted no tendrá muchos baches o escollos, que María fue una anomalía y que la mayoría de las personas no sufren como ella sufrió, y que muy pronto los miles de millones de personas que sufren en nuestro mundo hoy tendrán suficiente para comer, medicina eficaz para sus enfermedades y agua potable para beber. Me gustaría decirle que este primer capítulo es el más difícil y que todo será más fácil de aquí en adelante.

Pero no puedo.

Dios está anhelando perturbarlo seriamente con relación a su mundo. Él esta buscando hombres y mujeres, estudiantes, jóvenes y viejos, personas de toda raza y tribu que sin reserva se entreguen a él y se rindan a sus propósitos. El cuadro Polaroid tal vez no sea claro y definido en este momento, y usted tal vez se pregunte: «¿Cómo será para mí la entrega peligrosa?» Por otro lado, tal vez tenga ya trazado un plan sólido para su vida, como Rick y yo lo teníamos. La pregunta para usted, entonces, es esta: ¿Es este el plan de Dios? De cualquier manera, su decisión en este momento es en cuanto a decirle que sí a Dios: como la madre de Jesús, María; como Dave y Carolyn; como yo; independientemente de si puede ver a dónde le llevará ese sí. Mi reto para usted es que diga: «¡No sé exactamente cuál es la pregunta, Dios, pero mi respuesta es que sí!»

Entrega

¿Decidirá decirle que sí a Dios,
aun antes de saber todas las implicaciones
de lo que ese sí significará para usted?

Padre, tú estás perturbado por la desdicha que presencias todos los días. Nada de eso se te escapa, sin embargo, francamente, mucho de eso se me escapa a mí. Perdóname por mi complacencia, apatía e ignorancia. Ayúdame a ver al mundo a través de tus ojos. Tengo miedo de entregarte todo, y no estoy por completo seguro de que pueda confiar en ti en cuanto a lo que más me importa. Pero quiero conocerte, quiero amar como tú amas y dolerme de la manera en que te dueles. Quiero vivir la aventura de arriesgarlo todo por ti. Estoy diciéndote que sí ahora mismo, sin que importe lo que ese sí suponga.

Para empezar

- Empiece a pedir en oración a diario que Dios abra sus ojos a nuevas realidades en cuanto a usted mismo y su mundo.
- Pídale a algún amigo que lea este libro con usted. Se beneficiará mucho más al comentarlo, capítulo por capítulo, con un compañero de lectura.
- Oiga el mensaje de Kay para usted en www.kaywarren.com.

CAPÍTULO 2

El reino del yo

Porque el que quiera salvar su vida, la perderá; pero el que pierda su vida por mi causa, la salvará.

Lucas 9:24

El amor es el camino a la madurez. El egoísmo atrofia el crecimiento y nos retiene en el corralillo espiritual.

Elisabeth Elliot, *A Lamp Unto My Feet*

CUANDO TENÍA COMO SEIS AÑOS, MI PAPÁ SE FUE EN UN VIAJE DE NEGOCIOS Y regresó con un disco de Disney con el cuento de la Cenicienta. Rápidamente este se convirtió en una de mis posiciones atesoradas, puesto que me imaginaba a mí misma como la hermosa sirvienta que llega a ser reina. Tengo vívidos recuerdos de hacer que mis amigas se sentaran en el sofá y me vieran danzar, dando vueltas al son de la canción «Un sueño es un deseo que tiene tu corazón». Note que digo «que me vieran» danzar, ¡a ellas no se les permitía participar en nada! Yo era la que cantaba, danzaba, daba piruetas y hacía la venia… todo se trataba de mí. Olvídese del príncipe encantador y la cenicienta; este era el reino de Kay.

Nada ha cambiado gran cosa.

Yo, como muchos otros adultos, dedico una buena cantidad de tiempo, energía y dinero a controlar, pulir, proteger y defender mi propio pequeño reino privado. Como gobernante déspota de un cuento mítico, puedo ser la potentada omnipotente, la autoridad suprema, la dictadora opresiva y altamente exaltada del reino del yo. Por supuesto, nunca lo diría en voz alta, y me enfadaría con furia si alguien sugiriera siquiera que opero de esa manera, pero es la realidad de la lucha que enfrento todos los días. También usted. En el peor caso, gobierno sobre mi dominio con mano de hierro, protegiendo ferozmente mi territorio, mis posesiones, mi reputación, mi persona, mi dignidad, mis derechos como reina. Yo tengo el control. Como Gary Thomas observa: «El más grande bloqueo a nuestra entrega no son nuestros apetitos y deseos desordenados sino nuestra adicción a gobernar nuestras propias vidas».[3]

Dentro de este reino, hay escaso espacio para cualquiera que no haga las cosas a mi manera, que no concuerde con el hecho de que yo soy la persona más importante de todas. Cuando otros me tratan como «me merezco», entonces todo marcha bien, podemos llevarnos bien. Cuando otros reconocen que es apropiado servirme a mí y mis necesidades, hay armonía y paz. ¡Ay de los desdichados familiares, amigos, conocidos, o extraños que no aprecian de la forma adecuada mi estatus, pues las cabezas caerán! Me identifico por completo con esta cita de Fénelon: «Tu amor propio es terriblemente quisquilloso. Sin importar cuán ligeramente sea insultado, grita: "Asesino"».[4]

No solo busco el control total de todo lo que me rodea, sino que mi amor más grande y profundo está reservado para mí. Estoy desesperadamente enamorada de mí misma. Si soy por completo sincera, tengo que admitir que hay ocasiones en las que quiero que el mundo gire alrededor de mí: mi comodidad, mi placer, mi conveniencia. Deseo que otros vean e interpreten todo a través de mis ojos, que me hagan feliz, que suplan mis necesidades y se abstengan de ofenderme, lastimarme, herirme, enfadarme o irritarme. Quiero que se me entienda, aprecie, reconozca, eleve, elogie, valore, atienda, cuide, respete, admire, acomode, escuche, ame, adore y atesore.

Mis mayores esfuerzos todos los días van dirigidos a mí misma. Incluso cuando estoy ocupada en atender a otros, el medidor siempre está corriendo, puesto que en mi interior tomo nota de las horas que he gastado, la energía que he dedicado y los sacrificios que he hecho. Me hallo encantaba cuando puedo matar dos pájaros (o más) de un tiro haciendo algo por otros (lo cual me permite quedar bien) mientras hago algo por mí misma al mismo tiempo. Al fin del día, realizo la cuenta final para ver si otros han hecho por mí tanto como yo he hecho por ellos. Si no es así, me siento dolida, desilusionada, frustrada, ofendida, exigente y furiosa. A veces me retraigo de las relaciones personales porque, de acuerdo con mi calculadora interna, he dado más de lo que estoy recibiendo.

¿Centrada en otros? No a menudo. ¿Cediéndole el control a otro? Ni en sueños.

Entregando las llaves del reino

Después que Dios me perturbó en serio, sacudiéndome y quitándole la venda de los ojos, pude ver que tenía que rearreglar unas cuantas cosas en mi vida. A fin de empezar a preocuparme por los infectados y afectados por el VIH y el SIDA, algunas cosas tenían que cambiar. Sin embargo, me gustaba mi vida; era cómoda, segura, predecible y sin embargo emocionante… y encima de eso, ya tenía mis propios problemas.

Aunque mi respuesta inicial fue saltar con ambos pies, empecé a pensar en todas las razones por las que no debía intervenir demasiado. ¿Acaso no tenía ya bastante que hacer? ¿No había ya suficientes presiones en mi vida? ¿No era demasiado reto mantener mi mundo alineado con la vida enérgica de mi esposo? ¿No tenía abundantes relaciones personales que cuidar y cultivar? ¿No era Saddleback un proyecto lo suficiente grande como para mantener lleno mi calendario? ¿Qué tal si me enfermo? ¿Qué tal si me contagio del virus (VIH) que causa el SIDA y muero? No quería estar con enfermos… ¡ellos deprimen!

Me preocupaba por mi reputación. Puesto que erróneamente pensaba que todas las personas VIH positivas eran homosexuales, ¿cómo podía llegar a abogar por las personas con el VIH sin llevar a los críticos a pensar que había cambiado mi teología sobre la sexualidad? En esos primeros días de estar perturbada no me daba cuenta de que incluso si mis malos entendidos fueran correctos —en cuanto a que todo el que sufre del VIH es homosexual (lo cual no es verdad, pues la mayoría de los infectados en el mundo son mujeres)— esto no alteraría la respuesta apropiada. No entendía todavía que no es un pecado estar enfermo. Yo solo me preocupaba de que mi reputación sufriera. Es difícil ganarse una buena reputación, y Rick y yo habíamos trabajado duro por más de veintidós años para guardar con todo cuidado nuestro buen nombre y la reputación de nuestra iglesia. Años después, mi actitud es por completo diferente. Me alegro de que mi reputación incluya inquietarme por muchos que han sido rechazados, pero en ese momento, preocuparme por mi reputación resultó ser una crisis para mí.

Además, el problema era simplemente demasiado grande. ¿Por qué peregrina razón de repente iba a decidir que tenía lo que se necesitaba para atacar la crisis humanitaria más grande de todos los tiempos?

Mis pensamientos de renuencia tal vez resuenen en usted. ¿Está haciéndose las mismas preguntas? Como ejercicio para abrirle los ojos, tal vez sea útil que prepare su propia lista de motivos para no involucrarse con las personas en medio de su sufrimiento; no solo con las personas con VIH, sino con cualquier necesitado. Cuando llegue al final de sus razones, pienso que descubrirá la misma realidad que yo descubrí: lo que se interpone en nuestra entrega al plan de Dios para involucrarse con las personas que sufren es simplemente que nos preocupamos más por nosotros mismos que por el sufrimiento de los demás

¿Qué podría abrirse paso a través de esas imposiblemente gruesas paredes del egocentrismo? ¿Quién o qué puede cambiar su perspectiva de tal manera que en lugar de servirse a sí mismo en realidad quiera vivir para servir a alguna otra persona? ¿A quién le entrego las llaves del reino del yo? ¿A un carcelero? ¿A un torturador? ¿A un enemigo más poderoso que nos ha derrotado para subyugarnos? ¿A un gobernante cuya intención es arruinarnos y destruirnos? No, nos entregamos a un Padre que nos ama de forma incondicional.

Dios nos gana, no gritando, aporreándonos ni matándonos de hambre para que nos subyuguemos, sino extendiéndonos una invitación a entrar. Nos ama hasta la rendición. Mientras más aceptamos que actúa por amor a nosotros, más nos confiamos a él. Fénelon expresa esta verdad de forma hermosa: «Dios no es un espía tratando de sorprenderte. No es un enemigo agazapado en las sombras para lastimarte. Dios es tu Padre que te ama, y quiere ayudarte si simplemente te confías a su bondad».[5]

El apóstol Pablo declara con gozo: «Él [Dios Padre] nos libró del dominio de la oscuridad y nos trasladó al reino de su amado Hijo, en quien tenemos redención, el perdón de pecados» (Colosenses 1:13-14). ¿Cómo sucede eso? ¿Cómo pasamos del «dominio de la oscuridad» al «reino de su amado Hijo»? ¿Como en realidad le rendimos el trono del reino del yo al reino de Dios?

La respuesta es sencilla pero no fácil. Una vez que empezamos a tener un atisbo del amor que Dios siente por nosotros, podemos descansar de los esfuerzos por manejar la vida por uno mismo. Reconocemos que Dios ha enviado a Jesús para limpiar nuestros desastres; a pagar la deuda que debíamos por todos los fracasos. Creemos por fe que Jesús hizo lo que dijo que vino a hacer —dar su vida por nosotros— y entonces recibimos la salvación que él ofrece. Le permitimos que entre en nuestro «reino» —mente, voluntad y emociones— y que resida allí. El reino del yo es absorbido en su reino, y gradualmente permitimos que Jesús se sienta allí en casa. Con el tiempo, experimentaremos la tranquila confianza que viene de ser parte del reino de Dios.

La Biblia confirma que mientras más reconozcamos el amor que hizo que Jesús pagara el precio para que nosotros pudiéramos entrar en su reino, más nos sentiremos en casa con él:

Le pido que, por medio del Espíritu y con el poder que procede de sus gloriosas riquezas, los fortalezca a ustedes en lo íntimo de su ser, para que por fe Cristo habite en sus corazones. Y pido que, arraigados y cimentados en amor, puedan comprender, junto con todos los santos, cuán ancho y largo, alto y profundo es el amor de Cristo; en fin, que conozcan ese amor que sobrepasa nuestro conocimiento, para que sean llenos de la plenitud de Dios.

Efesios 3:16-19

Conforme Jesús se establece cada vez más en nosotros y nuestra perspectiva espiritual crece, llegamos a estar más dispuestos a permitirle que haga las renovaciones internas necesarias para hacernos más semejantes a él. Crecemos en nuestra capacidad de convertirnos en discípulos, haciendo de la entrega una respuesta más natural.

Cómo se ve la entrega

Una vez que le hemos entregado a este Padre amoroso las llaves del reino del yo, estamos listos para entregarnos a la vida en el reino de Dios. En lugar de cooperar con las reglas firmemente establecidas del reino del yo —en donde queremos que Dios nos mime y haga realidad todos nuestros deseos— él nos pide que le entreguemos el control y nos convirtamos en esclavos de Jesucristo en su reino. Un esclavo es una persona que voluntariamente se pone al servicio de otro. La rendición voluntaria es la clave. Jesús solo entra cuando se le invita, y solo asume el liderazgo de mi vida cuando de forma voluntaria me entrego a él. Todo otro momento de entrega a él brota de esta invitación inicial para unirnos a su reino. Nunca es fácil. Entregarle los derechos del reino del yo va contra la esencia de uno mismo, pero de modo inevitable conduce a una vida más allá de nuestra más peregrina imaginación. No se trata de que la fama, la fortuna, la aclamación o la recompensa terrenal vengan a todos —eso es una prerrogativa de Dios decidirlo— sino que de alguna manera dentro de cada uno de nosotros hay un deseo de significado; una necesidad de saber que nuestro tiempo aquí en la tierra importa. Esto puede suceder solo cuando vivimos como esclavos de Jesús, sirviéndole de manera voluntaria en los lugares a donde él nos dirige, ya sean muy distantes o en la casa de al lado.
Su invitación para que nos unamos a él se halla en Marcos 8:34-37:

Entonces llamó a la multitud y a sus discípulos.
—Si alguien quiere ser mi discípulo —les dijo—, que se niegue

a sí mismo, lleve su cruz y me siga. Porque el que quiera salvar su vida, la perderá; pero el que pierda su vida por mi causa y por el evangelio, la salvará. ¿De qué sirve ganar el mundo entero si se pierde la vida? ¿O qué se puede dar a cambio de la vida?

Vaya. Esto es serio. ¿Cómo en realidad pone una persona tal cosa en práctica?

Negándose a sí mismo

El matrimonio ha sido una oportunidad continua para mí de aprender a negarme a mí misma, no debido a que Rick sea riguroso y exigente, sino porque dos reinos del yo no pueden existir de forma pacífica en la misma casa. Nosotros descubrimos casi desde el principio que casi todo conflicto que tenemos tiene su raíz en el egoísmo. ¡Nos fue tan mal en nuestra luna de miel que aprendimos de memoria el versículo: «El orgullo sólo genera contiendas» (Proverbios 13:10)!

Por más que detesto admitirlo, mi egocentrismo me ha impulsado a discutir, a ponerme a la defensiva, a guardar mi territorio y a decirle a Rick cosas crueles. Cuando siento que lastiman mis sentimientos o me encolerizo, me veo tentada a lanzar comentarios sarcásticos y afirmaciones destinadas a herirlo. No siempre me interesa hacer lo debido en esos momentos. Negarme a mí misma y lo que quiero es dolorosamente difícil. Por supuesto, en el fragor del conflicto no siempre puedo ver lo que está detrás de mi conducta, pero cuando doy un paso atrás y lo analizo con calma, por lo general puedo identificar mis esfuerzos para apuntalar y mantener mi propio reino. Mirando en retrospectiva a más de tres décadas de matrimonio, puedo ver que he desperdiciado una tonelada de energía emocional en discusiones insulsas. En el calor del momento, qué clase de jabón de tocador usar parecía un asunto de vida o muerte, pero en el gran esquema de mi vida con Rick, en realidad no valía la pena pelear por eso.

Somos lentos para aprender, pero hemos llegado al lugar en que amarnos el uno al otro es más importante que «tener razón». En la película *La novia princesa*, el campesino humilde que sirve a la princesa accede a toda petición de ella con la frase «como quieras». Es más, cuando se vuelven a encontrar más tarde en el cuento después de una larga separación, es la repetición de estas palabras lo que hace que ella le reconozca. Yo estoy practicando esa frase sencilla. No siempre la digo en voz alta, pero mi corazón siempre se vuelve hacia Rick, lo que me permite elegir procurar sus mejores intereses antes que los míos propios. «¿Quieres el aire acondicionado del coche a todo dar en un día de invierno? Como quieras». «¿Te gustaría ver ese ridículo programa de televisión? Como quieras». «¿Quieres cambiar las fechas de las vacaciones de la familia? Como quieras».

Por favor, no malentienda mi punto. No estoy sugiriendo que solo la mujer tiene que renunciar a sus deseos y antojos en el matrimonio. ¡Ni soñarlo! La Biblia no pide disculpas al instruir a esposos y esposas que se muestren uno al otro respeto y honor en una relación de mutualidad (véase Efesios 5:21). Estoy hablando de mi recorrido personal y de cómo estoy aprendiendo a detenerme y considerar si más bien puedo renunciar a mis deseos de comodidad personal como una ofrenda de amor a Jesús. ¿Puedo negarme a mí misma? ¿Puedo decirme que no a mí misma?

¿Lo logro siempre? Ni pensarlo. Honrar los deseos de otro por encima de los suyos propios es una muerte lenta a usted mismo. Pero es el paso inicial al aprender cómo ser un discípulo. La primera parte de la invitación de Jesús: «Niéguese a sí mismo», está en el corazón de la entrega peligrosa.

Tomando la cruz diariamente

El segundo mandato que Jesús da en Marcos 8 no es fácil de definir. En el tiempo de Jesús, nadie llevaba una cruz a menos que fuera a morir en ella. ¿Cómo «llevamos nuestra cruz»? La idea tiene un sonido muy místico y sobrenatural. Algunos han tomado este mandamiento de modo tan literal que se han colocado una cruz de madera a la espalda y la llevan en un desfile o festival folclórico. Otros se azotan a sí mismos con flagelos de varias puntas o se fustigan para mostrar que han «tomado la cruz». Algunos han ido hasta el extremo de permitir que los crucifiquen de una manera modificada para mostrar su identificación con Cristo.

Sin embargo, nuestra «cruz» no es literal; es más bien una actitud de obediencia radical a Dios en la cual de buena voluntad aceptamos cualquier consecuencia por amor a Jesús. Si negarse a sí mismo tiene todo que ver con decir que no, tomar la cruz se trata por completo de decir que sí: «Sí, Dios, haré lo que sea que me pidas; lo que sea, donde sea». Significa concordar con Dios en que su camino es mejor en toda situación, y escoger obedecerle sobre toda otra autoridad, independientemente de cómo nos sintamos al respecto. Este «morir» al libre albedrío y el egocentrismo no se nos da con facilidad a ninguno de nosotros. Lleva años y años de práctica e incluye tanto los detalles más pequeños como los más grandes de nuestras vidas.

Todos los días Dios nos da oportunidades para llevar nuestras cruces y morir a nosotros mismos mediante las circunstancias que salen a nuestro paso. En tanto que las circunstancias en sí mismas no son cruces, la manera en que navegamos por ellas llegan a ser el terreno de prueba. Por ejemplo, esperar por una curación física que no sucede, vivir durante años con un ser querido mentalmente enfermo, ver morir a un hijo, anhelar tener un niño pero nunca lograrlo, soñar con una carrera que nunca despega, añorar una intimidad que nunca se logra, luchar para que el dinero alcance, buscar amistades que no lo desilusionen, soportar el rechazo de la sociedad porque estamos enfermos… estas son oportunidades para demostrar si vamos a ser o no obedientes a Dios.

Todos podemos asumir el enfoque de la esposa de Job de «maldecir a Dios y morirse» (véase Job 2:9), o podemos seguir el enfoque de Job: «El SEÑOR ha dado; el SEÑOR ha quitado. ¡Bendito sea el nombre del SEÑOR!» (Job 1:21). Podemos decidir que ya no vamos a servirle si él no nos quita el dolor. Podemos concluir que él no entiende nuestro anhelo de un matrimonio satisfactorio y repudiar nuestros votos y buscar a otra persona. Podemos razonar que en realidad él no sabe de lo que está hablando cuando dice que la pureza sexual es para nuestro propio bien, y luego elegir echar por la borda su norma. O podemos escoger escucharle, honrarle, respetar sus mandamientos y obedecerle a cualquier costo, por duro que llegue a ser el «morir». Así es como crecemos hasta llegar a la madurez espiritual. Sin la oportunidad de morir todos los días, seguiremos siendo bebés espirituales. Si no se nos presenta la alternativa de escoger el yo por sobre él, nunca llegaremos a ser como Jesús en nuestro carácter. Él escogió la voluntad del Padre, no la propia, una y otra vez, llegando a ser nuestro máximo modelo de entrega peligrosa. Fue su entrega peligrosa lo que le permitió llevar su cruz.

Ya le he dicho del momento crucial cuando al fin entendí que Dios me había escogido para que fuera una persona común, y de cuando empecé a celebrar su diseño soberano. Eso cambió mi noción de Dios, de mí misma y de mi lugar en el mundo, así como del de Rick. Produjo en mí una expectativa de que un día Dios me usaría para sus buenos propósitos. Y empecé a esperar mi turno para brillar.

Los días se convirtieron en meses, y los meses en años.

Rick llegó a ser un líder cristiano muy conocido cuando nuestra iglesia explosionó con su crecimiento. Las casas editoriales querían publicar sus libros. Las oportunidades para hablar surgían a kilómetros por minuto. Las revistas y las estaciones de radio deseaban entrevistas. Parecía como si él estuviera recibiendo reconocimientos y galardones a diario. Todo el mundo quería verlo.

Mientras él prosperaba bajo las luminarias, yo estaba secándome en la vid. No solo se trataba de que él estuviera recibiendo toda la atención, sino de que las situaciones de la familia parecían impedir incluso más que Dios me usara. Uno de nuestros hijos padecía de severos desafíos bioquímicos y necesitaba una extraordinaria cantidad de cuidado de parte de sus padres, así que poco a poco renuncie a la mayoría de mis funciones en el ministerio para estar disponible. Rick y yo participábamos ambos en los cuidados, pero él todavía fue capaz de mantener su ministerio activo conforme mi enfoque se volvía cada vez más y más estrecho.

Luego el padre de Rick se enfermó de cáncer. Siendo viudo, dependía de sus hijos para que lo cuidaran. El hermano de Rick, Jim, y su hermana Chaundel, junto con su esposo Tom y nosotros, nos turnamos en la responsabilidad de ayudar al papá de Rick en los últimos años de su vida. Esos meses estuvieron repletos de hospitalizaciones, cirugías, tratamientos, y al final de cuidados en casa. La familia estaba primero para mí, así que no hubo grandes decisiones agonizantes que tomar en cuanto a cómo gastar mi tiempo, pero acabé sintiéndome cada vez más como si se me hubiera encerrado en un anaquel. Rick constantemente me animaba brindándome su afirmación e hizo lo mejor para hallar oportunidades que me permitieran usar mis talentos, pero las circunstancias de mi vida simplemente no me permitían ocuparme mucho del ministerio.

Empecé a sentir envidia de mi esposo, no eran esos sentimientos breves de celos que desaparecen tan pronto como surgen, sino una emoción establecida de envidia que empezó a corroerme los huesos. Recuerdo haber estado sentada en nuestro sofá una noche con la vista puesta sobre nada en particular. Rick acababa de contarme entusiasmado que otra revista quería que escribiera un artículo, pero en lugar de alegrarme por él, mi corazón se había enfriado: «¿Cuándo será mi turno, Dios? ¿No tengo nada que decir que valga la pena oír? ¿Alguna vez alguien se interesará en *mis* ideas?» Allí fue cuando el pensamiento me golpeó: estaba envidiosa de mi esposo. Había dejado ser de ser la animadora de Rick y me había convertido en su crítica. Ya no me alegraba por sus victorias y éxitos, sino que me resentía por la falta de ellos en mi vida. Es doloroso y bochornoso admitir mi pecado, pero es la verdad. El reino del yo se mostraba con plena fuerza.

Para ser franca, eso me asustó. No *quería* sentirme amargada y envidiosa de Rick; esto nos convertía en extraños en lugar de socios. Después que él se fue a la cama esa noche, analicé mi problema, horrorizada por la fealdad de mi alma. Escribí en mi diario durante horas esa noche, y di otro paso de entrega peligrosa al elevar esta oración:

Dios, si quieres que esté en la línea de atrás mientras Rick está en la del frente, que así sea. Si tú escoges darle a él toda la atención y la fama, y nadie jamás sabe mi nombre, está bien conmigo. Si la mejor manera en que puedo servirte es preparando un puerto seguro en nuestra casa para mi esposo de modo que él pueda ser más eficaz, lo haré. Si planeas que mi vida no sea la de una conferencista pública o una autora, sino que críe a mis hermosos hijos para que crean en ti y te sirvan de modo que sus vidas logren un impacto mucho mayor que el mío o el de Rick, eso es lo que quiero. Ya no me importa. Si tomar la cruz para servirte significa que me pongan en un anaquel indefinidamente o incluso para siempre, soy tuya.

Las oraciones de entrega tienen el poder de alterar de modo radical el curso de nuestras vidas. No tengo dudas de que si no hubiera decidido entregarme —llevar la cruz de la negación propia— mi matrimonio habría empezado a deteriorarse. Me hubiera vuelto cada vez más amargada y resentida con Rick, lo que hubiera conducido a la fricción y el conflicto. Le habría visto como un enemigo al que hay que socavar antes que como un socio al que hay que edificar. Mi vida espiritual con Jesús hubiera sufrido si le hubiera acusado con cólera de descuidarme. Pero al decirle «como quieras» a Dios y llevar a diario la cruz, negándome a mis propios deseos de tener un ministerio personal vibrante, esto me condujo a la serenidad. De repente fui libertada del deseo de compararme con Rick. Pude sentirme genuinamente contenta por las oportunidades que surgían a su paso y participar de su entusiasmo. Dejé de ponerme frenética por lo que me sucedería a mí; todo don que tenía me fue dado por Dios, y si él escogía usarlo de una manera diferente a la que yo quería que lo usara, eso era decisión suya. Por fin estuve en paz.

La entrega *siempre* conduce a la paz. Aceptar la voluntad de Dios en nuestras circunstancias es lo más duro que él nos pide porque requiere que nos neguemos a nosotros mismos y tomemos la cruz. Si nos olvidamos que es a un Dios de amor al que le entregamos las llaves del reino del yo, lucharemos largo y tendido contra él. Las buenas noticias son que sus brazos nos rodean, y podemos golpear nuestros puños contra su pecho todo lo que se nos antoje. ¡Pero qué descanso llega a nuestras almas cuando al fin nos abandonamos a su abrazo! Fénelon hace esta observación:

> Dios prepara una cruz para ti que debes abrazar sin pensar en la autopreservación. La cruz es dolorosa. Acepta la cruz y hallarás paz incluso en medio del conflicto. Déjame advertirte que si rechazas la cruz, tus circunstancias se volverán dos veces más duras de soportar. A la larga, el dolor de resistirte a la cruz es más duro de soportar que la cruz misma.[6]

Siguiendo a Jesús

Después de llamarnos a negarnos a nosotros mismas y tomar a diario la cruz, Jesús nos invita a seguirle. La fotografía no revelada empieza a tomar alguna forma y contorno. Conforme aprendía más en cuanto al VIH y el SIDA, me di cuenta de que Dios me estaba pidiendo que abogara por los infectados y afectados, y que hablara por ellos. No podía ver a la vuelta de la esquina para saber lo que tenía por delante. No podía ver a dónde llevaría el camino, qué obstáculos hallaría y lo que costaría seguirle. Había dado el salto gigantesco de fe de decirle que sí a Jesús sin saber lo que suponía la entrega. Como Indiana Jones en la película *Indiana Jones y la ultima cruzada*, había saltado por el risco a lo que podía ser un abismo sin fondo, solo para hallar que existía una estructura estable debajo de mí. Tenía que confiar en que aunque no pudiera ver a dónde me conducían los pasos de fe, estaba caminando sobre una estructura firme que no me permitiría caer. Eso es lo que quiere decir seguir a Jesús: decirle que sí y confiar en que él no nos dejará caer, aunque no podamos ver exactamente a dónde nos está llevando.

Una experiencia anterior con Dios había abierto el camino para que confiara en él. Durante los primeros trece años de nuestra iglesia no tuvimos un edificio permanente. Usábamos los gimnasios de las escuelas secundarias para los cultos de adoración, y los bancos, las casas y los centros comunitarios para reunirnos durante la semana. Cada fin de semana arrastrábamos remolques llenos de equipos de sonido y artículos de la sala cuna hasta la escuela, en donde voluntarios los ensamblaban y los desarmaban horas más tarde. Cada juguete, cuna, mecedora, mesa para cambiar pañales, proyecto de trabajo manual, micrófono, altavoz, atril de música, teclado, cafetera, cuaderno y lápiz tenía que ser trasladado en un remolque... un proceso que se repitió cada fin de semana durante trece años.

El terreno es astronómicamente caro en el sur de California, y no teníamos los recursos financieros necesarios para comprar una propiedad para nuestra floreciente congregación. Una y otra vez ubicábamos una propiedad y le pedíamos a nuestros miembros que ofrendaran con sacrificio y oraran, solo para ver que el negocio se deshacía por una variedad de razones. Rick siempre tomaba las demoras y desilusiones de buen grado, pero yo luchaba por mantener una actitud optimista. En realidad creíamos que en el tiempo de Dios nuestra iglesia tendría un lugar permanente. Pero a la larga eso llegó a ser algo *muy gastado*.

Una noche Rick llegó a casa después del trabajo y me informó que aunque al fin habíamos comprado un terreno, los supervisores del condado no aprobaban los permisos para construir debido a algunos asuntos recién descubiertos relacionados con el medioambiente. Habíamos sido aplazados de nuevo... indefinidamente.

«¡Ya me cansé!», le grité. «¡Estoy harta de este estúpido juego! Has sido demasiado bueno con esos supervisores del condado. Déjame ir a *mí* a sus oficinas y vérmelas con ellos frente a frente; ¡yo haré que den la aprobación!» Estaba furiosa. Rick, que nunca ha sido dado a antagonizar con una mujer furiosa, retrocedió. Salí hecha una tromba de la sala, me fui a nuestra oficina en la casa, y cerré dando un portazo. Miré al cielo raso, levanté mi puño crispado hacia Dios, y empecé a desgañitarme y a desahogarme: «¿Qué quieres de nosotros? ¿No hemos tratado de hacer las cosas a la manera que quieres que las hagamos? ¿No hemos tratado de seguirte? ¿No hemos tenido integridad y honradez en nuestros negocios? ¿No hemos ejercitado la fe y la confianza en ti? No comprendo... ¡simplemente dinos lo que quieres que hagamos y deja de fastidiarnos!»

Por si mi perorata todavía no hubiera llegado al clímax, cambié entonces el argumento hacia las acusaciones de favoritismo: «¿Por qué Bill Hybels tiene hectáreas de tierra para Willow Creek y nosotros no? ¿Por qué les diste a Chuck Smith y a Calvary Chapel terrenos y edificios? ¿Por qué Adrian Rogers tiene en Tennessee un terreno? ¡Acaban de comprar cien hectáreas! ¿Para que necesitan cien hectáreas? ¡Nosotros no tenemos terreno y ellos tienen cien apestosas hectáreas! Simplemente no nos quieres».

Me asombra que Dios no me fulminara en ese instante, puesto que las acusaciones que le lancé fueron crueles. Estaba casi fuera de quicio por la cólera, la amargura, la frustración y el dolor. Mi arranque apasionado pronto me dejó agotada y vacía. Me senté en la silla de nuestra oficina, apoyé la cabeza sobre el escritorio, y lloré en total derrota.

Después de haber estado allí por un rato, con mis brazos extendidos sobre el escritorio, noté mi Biblia al alcance de la mano. Furiosa como estaba, sabía que no había a dónde acudir excepto a Dios. Abrí al azar las páginas hasta que llegué a Juan 21. Acababa de enseñar este pasaje esa misma semana en un estudio bíblico, pero me había perdido la aplicación personal a mi vida. Ahora saltaba a la vista frente a mi propia cara.

En una de las apariciones ante sus discípulos posteriores a la resurrección, Jesús tuvo un impactante encuentro con Pedro. Jesús le pregunta a Pedro tres veces seguidas si le ama. Pedro responde afirmativamente en toda ocasión, cada vez más agitado y dolido porque Jesús parece no creerle. De repente, Jesús cambia el tono de la conversación, casi como diciendo: «Está bien; si lo dices en serio, déjame decirte a lo que te llevará ese amor»:

> De veras te aseguro que cuando eras más joven te vestías tú mismo e ibas adonde querías; pero cuando seas viejo, extenderás las manos y otro te vestirá y te llevará adonde no quieras ir.
> Esto dijo Jesús para dar a entender la clase de muerte con que Pedro glorificaría a Dios. Después de eso añadió:
> —¡Sígueme!
> Al volverse, Pedro vio que los seguía el discípulo a quien Jesús amaba, el mismo que en la cena se había reclinado sobre Jesús y le había dicho: «Señor, ¿quién es el que va a traicionarte?» Al verlo, Pedro preguntó:
> —Señor, ¿y este, qué?
> —Si quiero que él permanezca vivo hasta que yo vuelva, ¿a ti qué? Tú sígueme no más.
>
> Juan 21:18-22

Sin pedir disculpas, Jesús le dice de forma directa a Pedro que morirá por su fe. No hay ninguna palabra de consuelo, ni palmaditas en la espalda, ni una intención de suavizar la aturdidora predicción aquí. Es más, las próximas palabras de Jesús a Pedro son el desafío más duro que jamás él había enfrentado: «Sígueme. Vas a morir, Pedro, pero primero quiero que me sigas».

Pedro hace lo que la mayoría de nosotros haríamos. Se vuelve y examina al grupo de discípulos reunidos alrededor de ellos, buscando una cara amistosa, y dice: «¿Verdad? Pues bien, ¿qué hay con *él*? ¿Qué le va a pasar a Juan? ¿Acaso no tienes noticias aturdidoras que darle a *él* hoy?»

Las próximas palabras son las que echaron por tierra mi discusión con Dios. Jesús pone punto final a toda protesta potencial como: «¡No es justo!» «¡Tienes favoritos!» «¡*Tú* le amas a él más que a mí!» Él simplemente dice: «Pedro, si yo quiero que Juan permanezca vivo hasta que yo vuelva, ¿a ti qué? *Tú* sígueme».

Sentada a ese escritorio, agotada por mis desplantes contra Dios, él me habló mediante su palabra: «Kay, no es asunto tuyo lo que yo permito en otra iglesia. Si apruebo que toda iglesia en la faz de la tierra tenga terrenos y edificios y Saddleback nunca los tenga, ¿a ti qué? ¿Con todo me seguirás?»

Sí, Señor. Sí.

Como ve, en realidad no es asunto mío —ni suyo— lo que Dios hace en la vida de otros. Lo único que me corresponde es *seguirle*. A veces le llamo a esto el principio ATQ: ¿A ti qué? De forma errónea acusamos a Dios de tener favoritos, amar a otros más de lo que nos ama a nosotros, y colmar a los demás de bendiciones mientras a nosotros nos deja secos y abandonados. Oramos y pedimos un milagro en nuestra familia solo para ver que las cosas se derrumban a nuestro alrededor. Sin embargo, una amiga ora por un milagro en su hogar y parece que lo recibe. Suplicamos que Dios sane a un ser querido, pero él o ella muere de todas maneras. No obstante, otra amiga le pide a Dios que sane a su familiar y él lo hace. Así que concluimos que hay una desigualdad en su amor, y algunos escogen alejarse de él.

Esta es la cuestión de fondo: Imaginarme los caminos de Dios no es asunto mío. Seguirle lo es.

Seguir a Jesús es ofrecerle todo lo que usted piensa que es, todo lo que en realidad es, todo lo que piensa que no es, y todo lo que en realidad no es… para que él lo use de la manera que escoja. Es bajarse del trono del reino del yo y unirse al nuevo reino, el reino de Dios. Es seguirle, aun cuando hacerlo no tiene sentido. Todavía no estoy allí, pero estoy en camino.

Coloqué sobre mi escritorio una vieja oración puritana del siglo diecisiete y la leo casi todos los días. La repito en voz alta y con gozo en mis días buenos, y en mis días malos la digo por obligación entre mis dientes apretados; en los días terribles susurro unas cuantas de las palabras, y en los días cuando todo parece una gran broma cósmica, contemplo por entre las lágrimas al cielo y dejo que mi espíritu le hable al suyo sin palabras.

La oración del pacto

Ya no soy mía, sino tuya.
Dispón de mí para lo que quieras, colócame con quien tú quieras;
concédeme hacer, concédeme sufrir;
permíteme ser usada o echada a un lado por ti,
exaltada o humillada por ti;
que sea llena o que esté vacía;
déjame tener todas las cosas, o haz que no tenga nada;
> *libremente y de corazón entrego toda las cosas*
> *a tu placer y disposición.*
Y ahora, oh glorioso y bendito Dios, Padre, Hijo y Espíritu Santo,
> *tú eres mío, y yo soy tuya.*
Así sea.
Y el pacto que he hecho en la tierra,
sea ratificado en el cielo.
Amen.[**]

Este es el momento para que usted se baje del trono del reino del yo y llegue a ser parte del reino de Dios, que llegue a ser un siervo voluntario del Dios que le hizo y ama. Su camino no siempre es fácil, pero lleva a la paz.

[**] Juan Wesley introdujo esta oración en el metodismo en 1755 y la acreditó al puritano Richard Alleine, del siglo diecisiete. La versión citada aquí está actualizada a un lenguaje más contemporáneo. Traducción de Miguel A. Mesías E.

꧁ **Entrega** ꧂

¿Va usted a entregar de forma voluntaria las llaves del reino del yo y
aceptar la peligrosa invitación de Jesús de negarse a sí mismo,
tomar su cruz y seguirle?

Dios, lo que me pides parece estar fuera de mi alcance. Sé que protejo
demasiado el reino del yo. Una parte de mí está lista para empezar
a vivir más para ti que para mí mismo, pero otra parte de mí teme
con desesperación. Por favor, perdóname por vivir para mí mismo. En
realidad he llegado a ser bueno para ello. Veo cada vez con más claridad
que rendirme a ti, negarme a mí mismo, llevar la cruz y seguirte, me
va a costar. Pero debido a que sé que me hiciste para amarme y te
entregaste a ti mismo por mí, estoy entregándote las llaves del reino del
yo. Sálvame de mí mismo.

Para empezar

- En este mismo momento, dedique unos pocos minutos a identficar las situaciones más comunes con las que personalmente lucha en el reino del yo. Si tiene un compañero de lectura, converse con él o ella sobre sus reflexiones la próxima vez que se reúnan.
- Aprenda de memoria Marcos 8:34-37: «Entonces [Jesús] llamó a la multitud y a sus discípulos.

  —Si alguien quiere ser mi discípulo —les dijo—, que se niegue a sí mismo, lleve su cruz y me siga. Porque el que quiera salvar su vida, la perderá; pero el que pierda su vida por mi causa y por el evangelio, la salvará. ¿De qué sirve ganar el mundo entero si se pierde la vida? ¿O qué se puede dar a cambio de la vida?»
- Examine la Evaluación del Ego en www.kaywarren.com para una noción más honda.

CAPÍTULO 3

Gloriosamente arruinados

Queridos hijos, no amemos de palabra ni de labios para afuera, sino con hechos y de verdad.

1 Juan 3:18

En toda la historia, una fe auténtica se ha caracterizado por una respuesta compasiva hacia aquellos que el mundo tiende a olvidar.

Gary Thomas, *Authentic Faith*

Al año siguiente de mi decisión de entregarme al llamado de Dios, creció mi inquietud por ver la pandemia del VIH y el SIDA en África con mis propios ojos, para así de alguna manera hacer que fueran reales las aturdidoras estadísticas. Simplemente aprender en cuanto al VIH y el SIDA a partir de libros, vídeos, sitios en la Internet, el personal médico y las organizaciones de auxilio no bastaba. No entendía todavía que el VIH y el SIDA era un problema en los Estados Unidos de América. Fue un artículo sobre el SIDA en África el que captó mi atención, así que África se convirtió en mi punto de enfoque. *Tenía* que ir a África. Casi exactamente un año después de la fecha en que Dios me había perturbado seriamente en cuanto al VIH y al SIDA, me hallaba en un avión dirigiéndome a Mozambique, un país en la costa sureste de África.

Lo que escribí en mi diario el 18 de marzo del 2003, registró mis pensamientos mientras me dirigía a un futuro desconocido:

Me pregunto cuántos de estos viajes haré. ¿Por qué me corren las lágrimas por las mejillas? ¿Cómo puedo describir la miríada de emociones, desde la más mundana y egocéntrica hasta la más sacrificial y llena de amor de que soy capaz?

Padre, estoy vagamente consciente de la magnitud de lo que no sé al empezar esta etapa de mi vida. Es inevitable el hecho de que miraré hacia atrás y me reiré de mi ingenuidad, mi inocencia y mis acciones, juicios y pensamientos precipitados, pero permite que en el proceso no lastime a otros mientras hallo mi camino. Te pido que nadie más tenga que sufrir debido a que fui ciega, obstinada, necia o estuve equivocada. Hasta donde yo sé cómo, te pido que destroces mis ilusiones, derribes mis reinos, reveles mi propio corazón y motivos, y destruyas todo lo que no es tuyo en mi vida. Sobre todo, quiero conocerte a ti hasta los límites que mi humanidad puede manejar. Espero con ansiedad ESE DÍA en que conocerte será tan familiar y sin esfuerzo como respirar.

La fotografía Polaroid de lo que Dios estaba haciendo en mi vida todavía era gris y borrosa, y solo podía discernir el contorno de las formas que estaban empezando a revelarse. Incluso así, tenía el presentimiento de que estaba en una jornada de aventura que incluiría crecer en mi intimidad con Dios. De alguna manera percibía que la promesa de conocerle de maneras más profundas y extraordinarias era inherente a mi entrega para abogar por las personas con VIH y SIDA.

En el camino

Una de las principales organizaciones cristianas de auxilio, World Relief, oyó de mi interés en el SIDA y se ofreció a alojarme en Mozambique, en donde habían desarrollado una fuerte obra. Tres de nosotras —la representante local de World Relief, mi amiga Marlene y yo— abordamos un avión en Los Ángeles con destino final en Maputo, Mozambique. Mientras estaba sentada en el asiento de la ventanilla del 747, mirando hacia la plataforma, se me ocurrió que ninguno de los miembros de las cuadrillas del aeropuerto que corrían de un lado para otro terminando sus tareas tenía idea de lo que significaba este viaje para mí en mi jornada de entrega a la agenda de Dios. Quería gritarles a todos: «¡Voy a África!»

Había oído mucho en cuanto a África toda mi vida. Los misioneros visitantes me dejaban boquiabierta con sus relatos de una tierra donde corrían libremente los monos, los elefantes y los leones. Un pequeño elefante tallado en ébano y con colmillos de marfil se hallaba en el escritorio de mi padre como recuerdo de un misionero de Kenia. En tanto que me cautivaba el lado aventurero de los encuentros misioneros, también me asustaban un poco los relatos del difícil servicio en el «continente negro». Como muchos otros de mi generación, había llegado a la conclusión errónea de que si uno le entregaba por completo la vida a Dios, él tal vez nos enviaría a África. Todas mis amigas oraban que Dios las enviara a cualquier parte excepto a aquel temido lugar. No estaba segura de por qué ser enviada a África representaba una total entrega cuando yo era niña. Puedo pensar en unas pocas razones, la mayoría de las cuales tienen que ver con la ignorancia, los prejuicios y la superstición. Pero África era la zona cero con relación al SIDA, así que a África iría.

Conociendo a Joanna y Flora

El vuelo de veinte horas transcurrió sin novedad, aunque mi mente y mi corazón estaban inquietos. Llegamos de noche, y cuando aterrizábamos pude ver miles de pequeñas fogatas para cocinar salpicando el paisaje. El aire estaba pesado por el calor, la humedad y el humo de las fogatas. Dormí bien una vez que llegamos al hotel, y me desperté en mi primera mañana con un sentido de que algo estaba a punto de suceder que cambiaría mi vida. Esto es lo que escribí en mi diario:

¿Qué es lo que guarda este día? Este día es frágil. Es sagrado. Nunca habrá otro «primer día en África». ¿Qué quieres de mí hoy, Padre? Manos limpias, corazón puro, obediencia, confianza... estas son las cosas de las cuales tengo certeza antes de que otro momento transcurra.

No podía decidir si estaba más asustada o entusiasmada. Nada parecía familiar, y por primera vez en mi vida formaba parte de la minoría. Todos los que me rodeaban eran de varios matices de negro, y yo era blanca... ¡no bronceada, sino blanca! Quería pasar inadvertida mientras me aclimataba a Mozambique y que no se notara si resultaba diciendo algo necio, ¡pero no había dónde esconderse! De inmediato fui objeto de interés y curiosidad. Los niños, sin el estorbo de las costumbres sociales, clavaban de forma manifiesta su mirada en mí, se reían y me señalaban con el dedo. Estoy bastante segura de que muchos de ellos comentaron sobre mi piel pálida y descolorida y mi extraño pelo amarillo. «¿Con qué se ha pintado la cara?», deben haberse preguntado unos a otros.

Mis anfitriones de World Relief querían que conociera a los hombres y mujeres que eran VIH positivos. Nos apilamos en viejos Land Rovers con asientos laterales que nos permitían mirarnos unos a otros mientras viajábamos. Los aturdí con preguntas, pero ellos fueron lo suficiente sabios como para pedirme que simplemente observara y escuchara a las personas con las que me encontrara. Me dijeron que con el tiempo empezaría a entender, y me imaginé que pensaban que la mayoría de mis preguntas reflejaban ignorancia y seguía el sendero equivocado, pero ellos fueron amables. Avanzamos saltando por los caminos de tierra llenos de baches, con nuestros cuerpos oscilando y moviéndose en armonía con los sacudones producidos por los surcos de la carretera. Al poco tiempo nos estacionamos y luego caminamos entre la vegetación baja hacia un árbol con grandes ramas que se extendían a sus lados.

Al principio todo lo que pude ver fue una tela desteñida.

Bajo la sombrilla de hojas, la tela resultó ser una mujer moribunda e indigente llamada Joanna. Se me informó que cuando los pobladores de su pueblo se enteraron de que ella y su esposo tenían SIDA, les pidieron que se fueran. Un pariente distante les ofreció atenderla a ella y su esposo, así que se mudaron. Pero cuando sus nuevos vecinos supieron del diagnóstico, la diminuta choza de paja que habían construido se incendió de forma misteriosa. El día en que la conocí, Joanna estaba viviendo debajo de este árbol grande. No tenía ni techo, ni ollas para cocinar, ni frazadas, ni ropa extra... apenas un pedazo de plástico para acostarse. Ella nos vio acercándonos a pie e hizo un valiente esfuerzo para levantarse y saludarnos, pero con una implacable diarrea y su cuerpo enflaquecido no pudo ponerse de pie. Se arrastró hacia nosotros sobre sus brazos y rodillas. En cierto momento, se derrumbó y su tía corrió para levantarla y llevarla de nuevo hasta el pedazo de plástico, el cual servía como tapete de bienvenida para los visitantes. Joanna arregló su diminuto cuerpo en una pose digna y espero para saludarnos. Era simplemente un saco de huesos.

Quedé estupefacta.

Sé cómo hablar con las personas que están estresadas por sus carreras, desalentadas con su labor de padres y madres, alteradas porque no pueden perder el peso que quieren. Pero nada, absolutamente nada en mi experiencia o mi fe me había preparado para hablarle a una mujer indigente muriéndose de SIDA y viviendo bajo un árbol. Sonreí por fuera, pero por dentro lo que sentía era pánico total, estaba furiosa con Dios, furiosa por el quebrantamiento de nuestro mundo, buscando en los tenues recovecos de mi mente algo un poco espiritual que decir. Me atraganté. No pude decir otra cosa que: «Me llamo Kay; gracias por su hospitalidad para nosotros».

Afortunadamente, Debbie Dortsbach, directora internacional de VIH para World Relief y mi anfitriona, *tenía* experiencia. Ella había visto a cientos de mujeres como Joanna, y su fe era fuerte. Me mostró cómo saludar a Joanna con calor y bondad, cómo arrodillarme junto a ella y mirarla a los ojos, cómo poner mis brazos sobre los hombros de ella y abrazarla, cómo orar y pedirle a Dios que le diera consuelo, fuerza y ayuda en esta terrible situación. Habló de la esperanza del cielo: que mientras este mundo tiene dolor, aflicción y enfermedad para Joanna, hay un mundo mejor del que ella puede ser parte por medio de su fe en Jesús, que la ama. Debbie le ofreció unas pocas píldoras contra la náusea que llevaba consigo para aliviar algo de la incomodidad que Joanna estaba sintiendo, pero incluso alguien sin experiencia como yo sabía que esta mujer estaba solo a días de su muerte.

Dejé a Joanna bajo ese árbol, pero ella permanece conmigo. Su retrato cuelga en las paredes de mi oficina y la miro todos los días. Ella le dio al SIDA un nombre, le puso un rostro.

Podía haber vuelto a casa después de ese primer día, pues tenía suficientes experiencias para ocupar mi mente y corazón por años. Sin embargo, había más gente que conocer y amar, más escenas para perturbarme.

Flora vivía en una casa diminuta, pero por lo menos era una casa. Ella lloraba suavemente mientras me contaba su historia. Su esposo había tenido un amorío y dejó encinta a su amante. Descubrió que tanto él como su amante y el recién nacido eran VIH positivos. Luego Flora halló que ella también era VIH positiva; la infidelidad de su esposo trajo el VIH a su casa. Para agravar las cosas, su esposo infiel insistió en que su amante y su bebé se mudaran a la diminuta casa con él, Flora y sus tres hijos. Cuando la conocí, Flora estaba viviendo en esa horrorosa situación.

De nuevo mi fe no me había preparado para ministrar a nadie que enfrentara los retos que ella estaba enfrentando. Me las arreglé para decir a medias: «¿Cómo puedo orar por usted? Cuando vuelva a mi país, me gustaría hablarles de usted a mis amigas. ¿Por qué puedo pedirles que oren?»

Esperaba que ella dijera: «Oren que el rata de mi marido mande a sacar a su amante de mi casa», o «por favor, pida que sus amigas me envíen algo de dinero para medicinas», o «¿podría pedirles que oren para que sea sanada?» No obstante, más bien ella hizo una petición que parte el corazón, la cual oí repetida por madres de todo el mundo: «¿Podría pedirles que oren por mis hijos? ¿Quién los va a cuidar? Nadie los querrá después que sepan que morí de SIDA». No tuve palabras, nada significativo que decir. No podía prometerle que viviría o que sus hijos serían bienvenidos en la casa de algún vecino o pariente que los valoraría y amaría. Sonreí de nuevo por fuera, mientras por dentro mis emociones se retorcían.

Cuando volví al condado Orange, mis amigos y familiares me preguntaban: «¿Cómo te fue en tu viaje? ¿Cómo fue?» Tuve dificultad para hallar las palabras apropiadas para describirlo, pero no lo logré muy bien. No había nada en mi vida como estadounidense que me preparara para lo que había visto en el África rural. Nada. Traté de hallar comparaciones: «Piensen en _____; es algo así, pero no tanto en realidad». Nunca había visto tal pobreza, tal enfermedad y tanta carencia de las necesidades básicas de la vida. No había agua potable ni inodoros, escasa electricidad o nada de ella, pocos coches, unas pocas bicicletas destartaladas, ropa harapienta y que no combinaba, nada de zapatos, escasa comida… nada que se pareciera a la vida según yo la conocía.

De regreso

A pesar de lo perturbada que quedé en mi primer viaje a África para aprender en cuanto al VIH, tenía muchas ganas de aprender más. Seis semanas más tarde visité otros dos países de África —Malawi y África del Sur— con otra organización cristiana de auxilio, World Vision. De nuevo experimentamos el mismo intenso calor agotándonos. Las montañas que se levantaban en picos asimétricos parecían por completo extrañas a mis ojos, como volcanes antiguos rodeados de niebla. Por todas partes adonde miraba las mujeres caminaban en su mayoría sin zapatos. Cada una llevaba un bebé a su espalda, junto con un recipiente de cinco galones de agua sobre la cabeza; muchas de ellas también llevaban leña o carbón.

En un área rural de Malawi recorrí una aldea de chozas circulares de barro con techos de paja para visitar una FEN: iniciales que representan la designación estéril y clínica de «familia encabezada por un niño», un eufemismo para «huérfanos». John, de quince años, era padre y madre para su hermano de once, George, y su hermanita de tres, Nisende. Sus padres habían muerto de SIDA. ¡Esta parte de Malawi no estaba acostumbrada a ver muchos visitantes blancos, así que con mi piel pálida, mi pelo rubio y mis ojos azules, parecía la muerte para ellos! John y su hermano fueron corteses pero sombríos; su hermanita nunca sonrió. Con orgullo me mostraron el interior de su choza de barro: un diminuto cuarto con un par de vetustas frazadas y una olla abollada. Al sentarme en el portal de barro de la choza, convencí a la niñita para que se sentara en mis rodillas y tomarnos una fotografía. Si usted ve con cuidado el retrato que tengo en mi pared, verá que aunque estoy sonriendo mis ojos están llenos de lágrimas.

No quería nada más que postrarme en tierra y gritar y llorar, clamándole a Dios a favor de esta niñita. Todo lo que podía ver era un futuro sin el amor y el respaldo cariñoso de los padres que la habían traído al mundo. ¿Dónde estaba el papá que sería su protector? ¿Dónde estaba el papá que la columpiaría por los aires y escucharía sus gritos de deleite? ¿Dónde estaba el papá que estaría orgulloso en su boda, entregándola en matrimonio? ¿Dónde estaba la mamá que la cubriría con las cobijas por la noche y le cantaría para que se durmiera cuando tuviera una pesadilla? ¿Dónde estaba la mamá que le enseñaría cómo ser mujer? Casi ni pude contener mis gemidos hasta que volví a nuestro vehículo, en donde lloré sin parar. Mi amiga y colega Elizabeth y yo nos abrazamos en medio de una terrible aflicción.

Sentirme seriamente perturbada estaba convirtiéndose en una forma de vivir.

La destrozadora e implacable pobreza me hacía llorar. Los huérfanos se apoderaron de mi corazón y lo estrujaron hasta que pensé que se iba a reventar. Las mujeres infectadas con el VIH por sus esposos infieles me aturdieron con su valentía. Los hombres, perplejos y frustrados debido a sus cuerpos cada vez más débiles, hacían que sintiera dolor por las vidas segadas. Día tras día, el peso de su sufrimiento me acercaba cada vez más a la desesperanza.

Era tiempo de volver a casa.

Trayendo África a casa

Si muy poco de mi vida me había preparado para lo que experimenté en África, nada me había preparado para tratar de recobrar mi vida en el afluente condado de Orange, California. Todo se veía diferente; todo el mundo parecía extraño. Miraba mis posesiones de una forma distinta. De repente, un refrigerador lleno era un insulto. Los atiborrados anaqueles del supermercado eran excesivos. Las exhibiciones de modas en el centro comercial eran triviales. La televisión era poco agradable y no tenía sentido. Los políticos me enfermaban. La iglesia era superficial. Me encontraba hecha un desastre.

Elizabeth me escribió un correo electrónico poco después de que volviéramos de Malawi y África del Sur. Me decía: «¡Muchísimas gracias! Estoy arruinada; gloriosamente arruinada». Asentí con una comprensión repentina. «Eso es, eso describe lo que me ha sucedido». ¡Estaba arruinada para la vida según la había conocido antes, pero *gloriosamente* arruinada!

La vida siempre tendría una clasificación de «antes del SIDA» y «después del SIDA» para mí de ahí en adelante. Sencillamente no era la persona que solía ser, aunque la que era antes no era una mala persona. No obstante, había sido moldeada por estas nuevas experiencias, y nunca sería la misma. Es más, no *quería* ser la misma. No podía haber visto lo que había visto, conocido a la gente que había conocido, experimentado lo que había experimentado, solo para darme la vuelta y volver a la vida como de costumbre. Ahora miraba la vida a través de lentes diferentes.

Al batallar para ver cómo ponía en práctica esta vida «arruinada» y con todo mantener una vida diaria saludable, descubrí que en realidad vivía en tres mundos, todos los cuales son reales. Está mi mundo, el mundo del sufrimiento y el mundo espiritual. El primero es donde llevo mi vida y crío a mi familia; es un mundo de supermercados, centros comerciales, afluencia y abundancia. Es el mundo del día a día en el cual interactúo con mi familia, los vecinos, los compañeros de trabajo, otros miembros de la iglesia y la gente de mi comunidad. Este es el mundo en el que tengo que hacer que mi fe sea real, no solo teórica.

En mi mundo, regresaba de mis viajes al África convencida de que era algo hipócrita que llorara por personas VIH positivas a miles de kilómetros de distancia y no me preocupara por los infectados en mi propia comunidad. Como resultado, empecé la iniciativa del VIH y el SIDA en la iglesia Saddleback. Un pequeño grupo de hombres y mujeres respondieron de buen grado a mi primer mensaje sobre el SIDA, y empezamos a reunirnos con regularidad para imaginarnos lo que podríamos hacer para lograr un impacto en la pandemia en esta parte del mundo. Había hombres, mujeres y niños infectados y afectados en el condado Orange, pero no sabíamos quiénes eran. En ese tiempo nuestra iglesia no era un lugar seguro para la gente que revelara su situación de VIH. Aparte de dos enfermeras, ninguno de nosotros tenía algún trasfondo o capacitación médica, ninguno había viajado extensamente por África o alguna otra parte, ninguno entendía las complejidades de la manera en que el VIH afecta las vidas. Básicamente éramos ignorantes. Nuestro conocimiento e información eran muy pocos, pero nuestra pasión y entusiasmo eran altos.

Hay otro mundo, igual de real, en donde muchos de mis hermanos y hermanas existen en privación, luchan por sobrevivir y atraviesan gran necesidad. Este es el mundo que sufre. El vacío espiritual, los dirigentes corruptos, la extrema pobreza, las enfermedades endémicas y el analfabetismo paralizante dominan. En este mundo, en su mayor parte desconocido para la mayoría de nosotros, hay cuarenta millones de personas afectadas e infectadas con el VIH, una infección viral incurable pero prevenible que conduce al SIDA, que es cuando el sistema inmune finalmente falla. Quince millones de huérfanos son parte de este mundo; y ese número representa apenas los que han quedado huérfanos como resultado del VIH y el SIDA; no incluye a los más de cien millones de niños huérfanos por otras enfermedades o causas. Usted y yo tenemos la oportunidad de ser las manos y los pies de Jesús para estos hermanos y hermanas, dándole a conocer por medio de nuestro amor.

El otro mundo para mí es un mundo espiritual invisible, *el mundo más real de todos*, en el cual estoy unida a Dios mediante una relación personal con su Hijo Jesucristo. Este es el mundo del que derivo la fuerza, el valor, la integridad y el amor que necesito a fin de vivir en los otros dos mundos. Si no hubiera tenido una experiencia del mundo espiritual con su perspectiva eterna, me agotaría por la fatiga o la sobrecarga emocional. La Palabra de Dios, los tiempos de quietud y reflexión, la música de adoración que refresca mi alma y el compañerismo de otros amigos «arruinados» me mantienen saludable espiritualmente. Debido a eso, estoy feliz y contenta de ser ciudadana de todos estos mundos. Vivir con mis pies en todos estos tres mundos es un reto al evaluar de modo constante dónde gasto mi tiempo y energía a diario, pero el estar espiritualmente cimentada hace eso posible.

Uniéndome a las filas de los arruinados

Cuando les hablo en estos días a grupos pequeños que se alistan para partir en algún viaje misionero de corto plazo, medio en broma les invito a convertirse en miembros del «Club de los seriamente perturbados y gloriosamente arruinados». Algunos se quedan mirándome como si hubiera perdido un tornillo, no pueden ni imaginarse de qué estoy hablando, pero después me buscan cuando vuelven de su viaje y dicen: «Ahora lo comprendo, estoy arruinado». Ya no están contentos de vivir con el enfoque de sus vidas puesto en *su* mundo: ellos mismos, sus problemas, su familia, su carrera. Sus ojos han sido abiertos a nuevas realidades. Han visto cómo vive el mundo que sufre, y ahora este es *real*. No pueden ignorar el sufrimiento o pretender que no existe. Se sienten obligados a hacer algo al respecto. Ahora están dispuestos a vivir en tres mundos, como yo, como la gente seriamente perturbada y gloriosamente arruinada.

¿Qué hay con usted? No tiene que ir a África para demostrar que está seriamente perturbado y gloriosamente arruinado. Allá es a donde mi entrega peligrosa a Dios me condujo, pero esta no es una prueba tornasol de la profundidad de su obediencia a Dios. Lo que es una prueba de su entrega y obediencia a Dios es la forma en que usted trata al más pequeño entre nosotros (vea Mateo 25:40). ¿Permitirá usted que Dios trastorne su mundo cómodo a favor de los más necesitados, ya sea que vivan al otro lado del mundo o a la vuelta de la esquina? Tiene que haber algún punto, algún lugar en el mundo, en donde usted está demostrando el amor de Dios a los más pequeños de una manera concreta.

¿De qué maneras está usted permitiéndole a Dios reordenar su horario, sus finanzas y afectos para poder interactuar con regularidad con aquellos que él ama? Tal vez usted ofrende dinero a una iglesia o una organización de benevolencia; este es un gran paso inicial, pero no basta. Dar desde el punto de vista financiero nos libera de la garra del materialismo y el egoísmo con la que todos luchamos, pero puede ser una manera de aplacar nuestra conciencia mientras mantenemos nuestra distancia de los necesitados. ¿Puede usted señalar a los enfermos, pobres, presos, huérfanos, viudas e inmigrantes a los que está ministrando personalmente en el nombre de Jesús? Si no es así, es tiempo de hacer unos cuantos ajustes dramáticos en su vida.

Usted no va a llegar a quedar gloriosamente arruinado sentándose en su sala; tal vez se perturbe, pero no se arruinará. Usted puede ver un noticiero especial por televisión, leer un artículo en alguna revista o bajar un vídeo de la Internet y perturbase por el sufrimiento de nuestro mundo. Pero para llegar a quedar arruinado, tendrá que *hacer* algo en realidad: participar en una concentración, ofrecerse como voluntario en un programa para después de clases, visitar a alguien en el hospital, asistir a una conferencia, leerle a un ciego, servir una comida en un refugio para indigentes, salir de su propio barrio, tener en sus brazos un bebé VIH positivo, ir en un viaje misionero de corto plazo… *cualquier cosa* que le ponga en contacto directo con los que sufren. Mientras que los que sufren sean para usted una mera estadística, nunca llegará a quedar arruinado para la vida según la conoce. Cuando el sufrimiento llega a ser personal —con nombres y caras— y usted oye sus relatos, no podrá permanecer aislado.

Sheryl Green ha quedado gloriosamente arruinada. Cuando otros de su grupo pequeño sugirieron que todos empezaran a ofrecerse como voluntarios en la comunidad de indigentes del condado Orange, Sheryl se opuso por completo. ¿Su razón? Su hermano es indigente, y ella tenía miedo de encontrarse con él. Tener un pariente indigente es una circunstancia compleja que ella pensaba que nadie en su grupo podía entender por completo. Para sorpresa suya, el grupo decidió hacerlo de todas maneras. Así que Sheryl con cautela fue a un derruido motel que sirve a los indigentes. Sirvió panqueques, habló con los residentes, cantó algunos cantos, y les dio a los residentes un breve mensaje sobre el amor de Jesús… ¡y le encantó en todo momento el asunto! Dios se apoderó del corazón de Sheryl ese día a pesar de sus temores y serias reservas. Ella estuvo dispuesta a entregarse a Dios incluso hasta el punto de estar dispuesta a encontrarse con su hermano al servir a los indigentes. Permitió que Dios reordenara sus valores, actitudes e incluso sus acciones. Hoy ella es la que en el grupo pequeño siempre pregunta: «¿Qué sigue? ¿Qué vamos a hacer en nuestra comunidad por los que sufren?» Sheryl esta arruinada, gloriosamente arruinada.

Arruinada.

No suena muy atractivo. He derramado más lágrimas, sentido más dolor y experimentado más aflicción que nunca antes. Es difícil que pase un día sin que mi corazón se quebrante por algo. A veces me pregunto cuántas veces mi corazón se puede romper y todavía sobrevivir. Puedo identificarme con la mujer que asistió a una de nuestras reuniones de capacitación para el VIH y le envió un correo electrónico a Elizabeth. El renglón del asunto de su correo electrónico decía: «Nada glorioso todavía en cuanto a mi devastación». Ella escribió lo siguiente:

> Respondí al llamado del pastor Rick para asistir a la Cumbre del SIDA el año pasado y acepté su invitación para asistir al cursillo sobre el VIH ayer. Desde entonces he estado llorando. ¡Casi he perdonado al pastor Rick por animarme a asistir a esa cumbre! Usted y Kay han mencionado términos como «seriamente perturbada» y «gloriosamente arruinada». Mi pregunta para ustedes es: ¿Qué hay de «glorioso» en eso? Yo estoy solo «seriamente perturbada y totalmente devastada».

¡Ajá! Ella está arruinada en verdad. Y yo también.

Sin embargo, no estoy solo arruinada, ¡estoy *gloriosamente* arruinada! Estoy viva de forma más vibrante que nunca. He descubierto riquezas en las relaciones personales y el trabajo que antes me habían eludido. Tengo una mejor noción de cómo hallar gozo y placer en medio de las circunstancias difíciles. Atender a los que Jesús ama me conduce más cerca de él.

Estoy segura de que mi vida cuenta para algo significativo. Nunca volveré a ser lo que solía ser. Llegar a estar seriamente perturbada y gloriosamente arruinada es lo mejor que jamás me ha sucedido.

Usted tal vez halle mi reacción en realidad extraña y difícil de entender. A lo mejor incluso está experimentando la misma confusión que la mujer del correo electrónico que mencioné antes: no hay nada de glorioso todavía en cuanto a estar perturbado y arruinado. ¡Permítame darle alguna esperanza! Lleva tiempo —semanas, incluso meses— adaptarse a una nueva manera de ver el mundo, lograr un equilibrio que le permita sentir el dolor y la tristeza de nuestro mundo sin que eso la abrume. No interrumpa el proceso de lo que Dios está tratando de hacer en su corazón simplemente porque duele. Concédase un tiempo para acostumbrarse a los cambios internos que él está produciendo en usted.

Entrega

¿Va a permitir que Dios le «arruine», alterando para siempre la forma en que usted se relaciona con otros en su vida y su mundo?

Padre, confieso que pedirte que me arruines es algo que todavía estoy considerando. No estoy seguro de que esté listo para pedirte que lo hagas. No sé las implicaciones de una entrega tan radical. Quiero estar listo. ¿Podrías empezar a reordenarme así como a mi manera de llevar la vida? Quiero hallar espacio en mi corazón para los que sufren. Ayúdame a crecer todos los días en mi disposición de permitir que me arruines gloriosamente.

Para empezar

- En este mismo momento prepare una lista de sus titubeos en cuanto a pedirle a Dios que le arruine. Si está reuniéndose con regularidad con un compañero de lectura, asegúrese de conversar sobre esta lista la próxima vez se reúnan.
- Pídale a unos pocos amigos que le acompañen para servir a algún necesitado en la comunidad esta semana.
- Oiga «I Will Never Be the Same Again» [Nunca seré el mismo de nuevo], en www.kaywarren.com.

CAPÍTULO 4

En sus marcas, listos, deténganse

Prueben y vean que el Señor es bueno; dichosos los que en él se refugian.
Salmo 34:8

La fe que está segura de sí misma no es fe; la fe que está segura
de Dios es la única fe que existe.
Oswald Chambers, *My Utmost for His Highest* [En pos de lo supremo], 21 de diciembre

El 19 de septiembre del 2003, seis meses después de mis visitas a África, empezó como cualquier otro día. Estaba ajena por completo al hecho de que mi mundo estaba a punto de derrumbarse. Era tiempo de mi mamografía anual, simplemente una de las muchas actividades que debía marcar en mi lista de cosas por hacer. El análisis fue sencillo y sin tropiezos, y después continué con mi agenda diaria.

Al día siguiente, sin embargo —un viernes— me llamaron del consultorio del médico y me dijeron que necesitaba ir para una mamografía de diagnóstico el lunes. Con el corazón saliéndoseme al instante del pecho, le pregunté a la enfermera qué andaba mal. Por supuesto, ella no me podía dar ninguna información aparte de decir que necesitaban más análisis. No sé por qué me parece que los resultados de los análisis siempre los dan los viernes por la tarde, lo cual significa que uno espera con ansias todo el fin de semana.

El lunes trajo consigo una mamografía de diagnóstico y un ultrasonido. El radiólogo se quedó mirando la placa en el cuarto semioscuro y señaló sectores de calcificación, pero me aseguró que probablemente no era nada. Para estar seguros, ordenó una biopsia con aguja para el día siguiente.

El cumpleaños de mi papá era el 25 de septiembre, y yo planeaba volar a Arizona para estar con él. Debido a que el radiólogo no parecía tan preocupado en cuanto a mi necesidad de una biopsia, programé el análisis para una hora un poco antes de mi vuelo. Rick quería ir conmigo, pero yo contaba con que no sería «nada», así que le pedí a mi asistente, Marian, que me llevara a la cita en un hospital local.

Después que anestesiaron mi seno, el radiólogo insertó la aguja y hurgó en el tejido para sacar buenas muestras. Pocos momentos más tarde él y la enfermera contemplaban fijamente la pantalla en donde se podía observar el proceso de la biopsia. Como quien no dice nada, dijo: «Sí, veo el bulto y los sectores de calcificación».

Por poco me caigo de la mesa. «¿Qué bulto? ¿De qué están hablando? ¡Nadie me dijo nada en cuanto a un engrosamiento!» Sin siquiera mirarme, él dijo con frialdad: «Casi con seguridad es cáncer. Lo sabremos mañana con certeza». Me hundí de nuevo en la fría camilla, aturdida. Él y la ayudante salieron del cuarto, dejándome sola por completo para asimilar la palabra: *cáncer*.

Obstáculo

Dios me había perturbado seriamente. Había asestado un golpe mortal al reino del yo. Estaba gloriosamente arruinada de por vida, como de costumbre. Había saltado de cabeza a mi nuevo papel como abogada en cuanto al VIH con gran entusiasmo y estaba teniendo conversaciones regulares con grandes organizaciones de auxilio en cuanto a las maneras en que la iglesia Saddleback podía asociarse con sus esfuerzos en África. Estaba leyendo todo lo que podía en cuanto al VIH y el SIDA, y hablando con expertos en el campo. Viajé a África dos veces en seis semanas. Asistí al anuncio del presidente Bush del «Plan de emergencia del presidente para el alivio del SIDA».

Rick me había acompañado en parte de mi segundo viaje a África. Bajo el brillante cielo africano una noche, Dios le dio una visión de cómo las iglesias locales podían lidiar con los Goliats globales del vacío espiritual, los dirigentes corruptos, la pobreza extrema, las enfermedades pandémicas y el analfabetismo paralizante. Ahora, pocos meses más tarde, nuestra iglesia estaba a punto de lanzar una estrategia global audaz llamada el plan PEACE para hermanarse con las iglesias locales a través de todo el mundo, con el objetivo de promover la reconciliación espiritual con Dios, equipar líderes servidores, ayudar a los pobres, atender a los enfermos y educar a la próxima generación, todo de maneras sostenibles y reproducibles. La naciente iniciativa con relación al VIH y el SIDA en Saddleback estaba creciendo. Yo estaba lista y preparada para servir, energizada con una gran pasión para acabar con el VIH y SIDA en el nombre de Jesucristo. ¡En sus marcas, listos, fuera! Pero no, todo pareció reducirse a: En sus marcas, lista, detente.

Todos mis planes y sueños se detuvieron en seco en un instante. Con la palabra *cáncer* ahora cerniéndose sobre mí, era una posibilidad distintiva el hecho de que me iba a convertir en una estadística: una de las ciento ochenta y nueve mil quinientas mujeres de los Estados Unidos que recibieron ese aterrador diagnóstico en el año 2003.

El primer pensamiento que vino a mi mente fue: «Por lo menos no es VIH; tengo la posibilidad de luchar contra el cáncer de pecho». A pesar de lo extraño y casual que parecía ese pensamiento, demostró cómo mi vida ya había pasado a formar parte del mundo del VIH y el SIDA. El siguiente pensamiento trajo una conexión instantánea con Dios. Era un fragmento de un versículo bíblico: «Él conoce mi camino». En la niebla de mi aturdimiento y temor, no recordaba el resto del versículo, ni quién lo dijo, ni dónde estaba en la Biblia. Todo lo que sabía era que aunque me habían dejado sola con ese diagnóstico que potencialmente amenazaba mi vida, en realidad no estaba sola en ese cuarto extraño. Dios estaba conmigo. Él sabía el camino que yo estaba a punto de tomar, y no dejaría que lo enfrentara sola.

Me las arreglé para vestirme y salí a tropezones y aturdida del salón de análisis. Marian me esperaba con ansias, y yo me derrumbé en sus brazos, llorando. Ella me abrazó, y lloramos juntas por unos pocos minutos, sin que ninguna de nosotras quisiera creer que el cáncer era ahora parte de mi peregrinaje. Llamé a Rick desde el coche, y él se sintió tan perplejo e incrédulo como yo. Cuando llegamos a nuestra casa, salió corriendo a encontrarme, y de nuevo caí en brazos de alguien que me amaba profundamente.

Esa noche acudí a la Biblia para buscar el resto del versículo que me había dado consuelo en los momentos de pánico que siguieron a la biopsia. Es tan apropiado que se halla en Job 23:10… Job, el arquetipo de la humanidad que sufre, afirmando su fe en el Dios del universo y en el objetivo de su sufrimiento.

Él, en cambio, conoce mis caminos;
si me pusiera a prueba, saldría yo puro como el oro.

Partiendo de este pasaje, no reclamé tener la certeza de que si tenía cáncer iba a ser sanada físicamente, pero sí leí en él la promesa de que aunque la prueba fuera de fuego, el sufrimiento podría producir «oro». Esa era una promesa a la que aferrarme en los próximos cinco meses, tiempo durante el cual volví a este versículo una y otra vez.

Tenía que esperar hasta el día siguiente para recibir la palabra final sobre la biopsia, así que estaba sobre ascuas. Alrededor del mediodía, el radiólogo del hospital llamó y empezó haciendo una broma. Interrumpí su charla y le dije: «Siendo que usted está bromeando, ¿puedo dar por sentado que no tengo cáncer de pecho?» No podía imaginarme que un profesional me mantendría en suspenso en cuanto a algo tan crucial o que fuera tan insensible como para hacer una broma si en realidad tenía cáncer.

Él hizo una pausa y dijo: «Desdichadamente, usted *en efecto* tiene cáncer de pecho». Luchando contra las lágrimas, recabé de él un poco más información: la clase de cáncer de pecho, el tamaño del tumor y otras cosas por el estilo, y luego colgué. Su buen comportamiento ante un enfermo era inexistente, y él se perdió una oportunidad perfecta para ofrecerle consuelo a una mujer muy asustada. A menudo pienso en él cuando hablo con los enfermos, su deplorable enfoque me recuerda cuán tierna y gentil debo ser.

Decírselo a nuestros hijos, mis padres y nuestros amigos más íntimos fue muy difícil. No obstante, recuerdo haberme encontrado en un capullo protector, casi como si estuviera flotando por encima de la situación. En tanto que todos los demás se asustaron y lloraron, pude estar en calma, asegurándoles a los demás que todo iba a salir bien. Mis sentimientos habían desaparecido. A la semana había concertado una cita con un oncólogo, el cual recomendó más exámenes. Esos exámenes determinaron que se necesitaba cirugía, y se seleccionó la fecha. Con cada visita al médico, las noticias se volvían más perturbadoras. No solo necesitaría cirugía, también tendría que someterme a la radiación y probablemente a la quimioterapia.

El crisol del cáncer

Un día al vestirme me miré en el espejo y pensé: «Me veo igual. ¿Cómo puede haber un extraño viviendo dentro de mí y tratando de matarme?» De repente me abrumó el temor, el pánico y la ira. Corrí a mi lugar de oración y cerré la puerta de golpe. «¡No quiero estar en este camino, Dios!

Quiero estar en *ese* camino, en el que *yo estaba*. Esto es un desvío. No quiero este cáncer. ¡Tómalo de vuelta! Quiero la vida que estaba viviendo. ¡Devuélvemela ahora!»

Sin embargo, Dios no lo hizo. No me devolvió la vida que había estado viviendo. No me quito el cáncer. Más bien, permitió la cirugía, noventa días de quimioterapia, y treinta y cinco días de radiación. Permitió que perdiera todo mi pelo y mis uñas. Permitió que la cirugía me dejara un cuerpo deformado, cicatrices de la biopsia del nódulo centinela, cicatrices del catéter portátil que tuvo que ser implantado quirúrgicamente cuando la quimioterapia empezó a corroer las venas de mi brazo, y tatuajes permanentes en mi pecho que marcaban el campo de radiación. Me permitió atravesar la hospitalización después de tres de los cuatro tratamientos de quimioterapia debido a reacciones severas. Permitió que la quimioterapia me privara de la memoria de corto tiempo, tal vez para siempre, y que dejara mi cerebro sintiéndose aturdido y embotado. Permitió lo que parecía ser una lesión nerviosa permanente en todos los puntos de presión de mi cuerpo, haciendo a veces insoportable el dormir o quedarme en una sola posición por largo tiempo. Me permitió que sintiera el aguijón de ser ignorada por algunas personas que había dado por sentado que estarían a mi lado. Mi fe estaba siendo probada en el crisol del cáncer.

Quedé desagradablemente sorprendida por mi propia reacción hacia Dios después de un par de meses de los sufrimientos del tratamiento. Sentada en el sofá con mi amiga Elizabeth, empecé a explorar mi pensamiento y sentimientos. «Me abochorna admitir esto», le dije, «pero en realidad *no comprendo* a Dios para nada. Sus caminos son un completo misterio para mí. Mi sufrimiento es horroroso, pero el mío es apenas un microcosmos de lo que miles de millones están soportando en este mismo momento. ¿Tienes alguna idea de lo intenso que es el sufrimiento para miles de millones de personas *en este mismo momento*?»

Sin embargo, yo tenía muchas ventajas. Aunque tenía cáncer de pecho y no estaba tolerando bien el tratamiento, poseía todo lo que necesitaba: el cariño y el respaldo de mi familia y amigos, acceso a un excelente tratamiento médico, una cama cómoda en la cual hundirme cuando me sentía enferma y alimentos (cuando en realidad podía comer). Para mí las cosas eran fáciles en comparación con aquellos cuyas existencias enteras, desde el nacimiento hasta la muerte, serían una cuestión de supervivencia y sufrimiento. Fáciles en comparación con las mujeres a las que sus maridos, padres o vecinos venden a la prostitución. Fáciles en comparación con los que tienen SIDA y no tienen medicinas. Fáciles en comparación con los hombres que trabajan de sol a sol en labores que parten la espalda para proveer para sus familias. Fáciles en comparación con los que se pudren injustamente en las cárceles por todo el mundo. Desde una perspectiva mayor, mi sufrimiento era muy pequeño.

Mi voz temblaba por la frustración cuando le pregunté a Elizabeth: «¿Por qué Dios creó un mundo en el cual puede existir un sufrimiento tan horroroso?»

Irrumpiendo por las puertas del cielo

Hay una tendencia en todos nosotros a levantar a Dios nuestro puño crispado con cólera y recriminación cuando la vida nos golpea. Con frecuencia nuestra respuesta es alejarnos de él desilusionados, desencantados y con amargura. Instintivamente sabemos que él podría prevenir o por lo menos mitigar cualquier sufrimiento que viene a nuestras vidas, pues en última instancia él está a cargo de nuestro universo.

«Todo es culpa de él», razonamos.

Yo era como Job ese día, irrumpiendo de modo fatigoso por las puertas del cielo, insistiendo en obtener respuestas a mis preguntas, mis dudas, mis temores, mi enfado. Conocía las verdades teológicas en cuanto al cielo y las maneras en que esta vida nos prepara para la venidera, pero mi conclusión era: «El sistema apesta. Tiene que haber una mejor manera. No lo comprendo para nada». Me encontraba tumbada en mi sofá como una criatura pálida, calva, físicamente debilitada por la quimioterapia y con náuseas; agotada desde el punto de vista emocional debido al temor, la ansiedad y la depresión; y sufriendo espiritualmente, bombardeada con preguntas existenciales de proporciones cósmicas.

«¡Necesito oír algo de ti!», gemí. «Necesito respuestas satisfactorias que alivien el dolor de mi sufrimiento. Casi ni puedo aguantar mi propio dolor, ¡pero también estoy sintiendo el dolor de otras personas que ni conozco! ¿Cuál es la explicación de Dios para este sistema imperfecto?»

Mi voz débil pero apasionada se perdió en el silencio. Elizabeth, de modo sabio, no trató de hacer que me callara, ni de aplacarme con respuestas consabidas, ni de decirme que estaba jugando con fuego. Se puso a llorar conmigo, me tomó de la mano y confirmó que mi dolor era real. Me aseguró que mis preguntas eran válidas y afirmó que lo que hacía estaba bien: acudir *a* Dios en mi dolor, no alejarme *de* él. Con suavidad me habló con convicción de corazón: «Él es bueno; ya sea que lo puedas ver o no, él es bueno».

Mi alma agonizante no recibió audiencia con Dios ese día, por lo menos no de la manera en que yo lo estaba pidiendo. Pero mediante la voz compasiva de una amiga, Dios me habló y me recordó quién es él, su carácter inmutable y su promesa de nunca dejarme.

El sufrimiento permitió que se me despojara de los arreos de la vida normal, exponiendo mi fe a la prueba de la realidad. Me permitió descubrir los agujeros, inconsistencias y puntos débiles en mi relación personal con Dios, de los cuales no me daba cuenta. De repente, me vi frente a este desafío: Yo afirmo amar y confiar en Dios, pero ¿lo hago en serio? *Digo* que creo que él es un Padre de amor, pero ¿en realidad lo creo? ¿Con cuánta rapidez acudo a él? ¿Con cuánta facilidad me deshago de mis creencias cuando la vida y mis creencias chocan? ¿Con cuánta crueldad lo acusó cuando el dolor, la tristeza, la desilusión, la traición, la tragedia o la pérdida me salen al paso? ¿Sobrevivirá mi fe las pruebas? ¿Tengo siquiera fe?

La Biblia dice que los problemas y las pruebas ponen nuestra fe en exhibición de modo que se puedan ver nuestros verdaderos colores. No importa lo que *decimos* que creemos; un mundo que observa evalúa si nuestra fe es real o no por nuestras reacciones al sufrimiento:

> Hermanos míos, considérense muy dichosos cuando tengan
> que enfrentarse con diversas pruebas, pues ya saben que la
> prueba de su fe produce constancia. Y la constancia debe llevar
> a feliz término la obra, para que sean perfectos e íntegros, sin
> que les falte nada.
>
> Santiago 1:2-4

El calor calcinante y los vientos huracanados llegan a toda vida. Nadie está inmune o exento. A veces los vemos venir: una sirena que suena y nos alerta de que algo malo va a salirnos al paso. Otras veces no hay ninguna advertencia: de modo inesperado se nos tambalea el suelo debajo de nuestros pies y caemos a tierra antes de que sepamos qué nos golpeó. En esas ocasiones nuestra vida de fe queda expuesta y tenemos que preguntarnos a nosotros mismos: «¿A qué me estoy aferrando?»

No soy marinera, pero me encanta la imagen de la película *Master and Commander* [Amo y comandante] del año 2003. Durante una feroz tempestad, el capitán Jack Aubrey (intepretado por Russell Crowe) se amarra a sí mismo al mástil de su barco para que no lo arrastren por la borda las enormes olas. El barco se bambolea en una dirección y después en la otra, y aunque las olas colosales golpean con furia su cuerpo, él permanece seguro amarrado al mástil.

Años antes de que tuviera cáncer hice un compromiso con Dios y le dije: «Soy tuya para hacer lo que quieras. Sé que no te entenderé por completo, y tal vez seguiré haciendo preguntas, pero sé que me amas». Me amarré a mí misma al mástil, así que sin que importe lo fuerte que soplen los vientos, con cuánta violencia el mar se estrelle contra mi pequeña embarcación, o con cuánto poder la tempestad amenace arrancarme del mástil, no seré conmovida. El «mástil» de mí fe es esta verdad fundamental: *Dios es bueno.*

Debido a que tengo plena confianza en que el carácter de Dios es inmaculado —puro, sin mancha, íntegro, recto por completo y sin el más leve indicio de maldad— le puedo confiar todo lo que me atañe. La Biblia habla con una sola voz a través de todas sus páginas, revelando a un Dios que es bueno hasta la médula. El salmista declara: «Bueno y justo es el Señor» (Salmo 25:8). Un coro de sacerdotes canta en 2 Crónicas 5:13: «El Señor es bueno; su gran amor perdura para siempre». Jesús dijo de su Padre: «Nadie es bueno sino sólo Dios» (Marcos 10:18).

Estando convencida de esa verdad, *corro a* Dios en mi dolor, en lugar de *huir de* él. Tengo la certeza de que Dios usa el sufrimiento para probarme, purificarme, hacerme más fuerte, y debido a eso, estoy dispuesta a permanecer unida a él. Anhelo que mis respuestas al dolor sean aquellas que revelen mi confianza en Dios y su bondad. Así es como coexisten el gozo y la tristeza. El apóstol Pedro nos da un sabio consejo sobre el tema:

> Esto es para ustedes motivo de gran alegría, a pesar de que
> hasta ahora han tenido que sufrir diversas pruebas por un
> tiempo. El oro, aunque perecedero, se acrisola al fuego. Así
> también la fe de ustedes, que vale mucho más que el oro, al
> ser acrisolada por las pruebas demostrará que es digna de
> aprobación, gloria y honor cuando Jesucristo se revele.
>
> 1 Pedro 1:6-7

No todo cáncer es igual, y el cáncer de seno es uno sobre el cual los médicos nunca dirán que una persona ha quedado curada. Nos dirán que estamos en remisión, lo que quiere decir que ellos no pueden hallar ningún cáncer en el cuerpo, pero siempre existe la posibilidad de que algunas células resistentes hayan escapado a la cirugía, la radiación y la quimioterapia y estén flotando en el sistema, solo para volver a aparecer en una fecha posterior. Esa posibilidad empezó a llenar mis pensamientos conforme me acercaba al final del tratamiento y el nivel de temor empezó a surgir de nuevo. Los «que tal si» empezaron a consumirme.

El pasaje de Job que me había traído un consuelo maravilloso al principio ahora se convirtió en mi aliento vital. Hallé paz al saber que en tanto no puedo controlar *cuánto tiempo* voy a vivir, sí puedo controlar *cómo* voy a vivir. Uno de mis lemas es: «Controla lo controlable y déjale a Dios lo incontrolable». No puedo determinar el largo de mis días, pero sí puedo determinar la *calidad* de los días que se me han dado. Deseo que se produzca «oro» —carácter— a partir de mi sufrimiento de fuego.

He determinado vivir mi vida, no mirando por sobre mi hombro para ver si el cáncer me está alcanzando, sino mirando hacia delante a cada día que recibo. Al mismo tiempo, todas mis ilusiones en cuanto a alguna garantía de larga vida han desaparecido y hay un sentido de urgencia en lo que hago. Estoy agudamente consciente de lo frágil que es la vida, de cuán breve y sagrada es. Conocer acerca de la fragilidad de la vida me hace ser más intencional, más apasionada, más consciente de la dulzura de este momento, y estar más convencida que nunca de que estoy aquí por una razón. No quiero desperdiciar ni un segundo del tiempo que se me ha dado.

Sin embargo, yo no había acabado aún con el cáncer.

Un año y medio después de terminar el tratamiento para el cáncer de seno, me quitaron un lunar sospechoso. Recibí los resultados mientras estábamos de vacaciones con la familia en otro estado. El médico dijo: «Por desdicha, señora Warren, es melanoma. Parece que no se ha extendido mucho a la dermis, pero usted necesitará que se le haga una amplia escisión quirúrgica para remover todo el tejido circundante». Por segunda vez en dos años estaba oyendo a un médico decirme que tenía cáncer. Él pasó a citar la probabilidad estadística de que estuviera viva y libre de cáncer en diez años. «Esto simplemente no puede estar pasando», pensé. «¿Cáncer *de nuevo?*» Mi estómago se retorció, mi corazón latió más rápido, y las imágenes de náuseas, vómitos, calvicie y fatiga relampaguearon ante mis ojos. «Dios, no puedo atravesar por eso otra vez. ¡Por favor, no me obligues!» Después que la llamada telefónica terminó, mis hijos y Rick se reunieron a mi alrededor nuevamente y oraron por mí.

Regresé a casa de nuestras vacaciones para enfrentar otra cirugía. Esperamos con ansias el informe patológico para saber si el melanoma se había extendido. Para nuestro enorme alivio, no había sido así. Esta vez, en lugar de perder un seno, acabé con una cicatriz de diez centímetros en mi hombro y una cita con el médico cada tres meses durante los próximos pocos años. Tener cáncer una segunda vez solo reforzó mi determinación de vivir mi vida de manera muy intencional, sin desperdiciar ningún momento. Fue otra clarinada para cumplir el propósito de Dios en el tiempo que se me ha dado.

De simpatía a empatía

Mi primer viaje internacional después del tratamiento para el cáncer de seno fue a Tailandia y a Camboya a mediados del 2004. Yo estaba frágil por los químicos tóxicos y la radiación. Mi pelo había empezado a crecer, pero estaba tan rizado y desigual que parecía un perro de aguas con el pelambre muy corto. Había usado una peluca desde que perdí mi pelo seis meses atrás, pero decidí dejarla en casa para no tener que lidiar con ella durante el calor del verano en el sureste de Asia. La gente se quedaba mirándome, y yo estaba consciente de lo extraña que me veía, en especial en un lugar en el que muchas mujeres tienen el pelo largo y lustroso.

En Camboya me llevaron a una casa hecha de caña y bambú para visitar a una mujer que estaba muriéndose de SIDA. Sentada sobre su cama, se encontraba rodeada de mujeres de su iglesia que estaban atendiéndola; ellas estaban sentadas hombro a hombro en la cama de la enferma. Mediante una intérprete, la mujer contó vacilando cómo su esposo la había infectado y después se había muerto. Relató varias de las aflicciones que había sufrido por el SIDA, incluyendo un remedio que le había hecho perder todo el pelo. Miraba a las caras de las mujeres que estaban sentadas cerca y relataba cómo cada una había hecho algo especial para ella. Una de las mujeres había donado sangre para ayudar a tratar la anemia de su amiga. Otras la llevaron al hospital. Otra le traía comida y cuidaba de sus hijos. Era claro que estas mujeres, hermanas en su sufrimiento, eran pilares de fortaleza para ella en medio de su dolor. Esta mujer luego habló sobre la cercanía de Dios y cómo no podía imaginarse atravesar todo ese tiempo horroroso sin él.

Me quedé parada en esa sofocante y diminuta casa de bambú con Elizabeth y tuve una epifanía. El dolor de la mujer de Camboya no era un misterio para mí, su sufrimiento no era teórico. Yo también había recibido un diagnóstico que amenazaba la vida, y si no hubiera tenido acceso a remedios milagrosos, el cáncer a la larga me hubiera matado. Había tomado un remedio tan poderoso que hizo que se me cayera el pelo. La «cura» me había dado náuseas y me había debilitado. Pero al igual que esta mujer de Camboya, mis relaciones personales determinaron la diferencia entre la esperanza y la desesperanza. Yo también tenía una relación con Dios, el cual había estado cerca de mí. De igual forma tenía familia y un grupo pequeño que se entregaron de modo constante a mí. Era una enfermedad diferente y yo estaba a medio mundo de distancia, pero pude identificarme con una colega sufriente de una manera nueva por completo.

Entonces lo comprendí.

El cáncer no solo me enseñó en cuanto al sufrimiento en general; el sufrimiento también se hizo personal. Ahora podía sentir empatía, y no simplemente por los aspectos negativos del sufrimiento, tales como el temor a morir, los tratamientos que nos enferman de forma violenta, las cicatrices que nunca desaparecerán y la depresión que se cierne como una cobija sobre nuestras emociones. También podía identificarme con las bendiciones ocultas en el desastre del sufrimiento: el «oro» que producía. Ahora sabía que Dios es el único con el que se puede contar por completo. Aprendí que aunque hay mucho sobre él que no entiendo, es por entero digno de confianza. Descubrí que él me dio seres queridos para que me ayuden a llevar la carga. Descubrí que la brevedad y la fragilidad de la vida la hacen preciosa y digna de vivirse según la máxima medida de mis pasiones y los propósitos de Dios. Estas son lecciones que una aprende solo por medio del dolor; la clase de lecciones que Pablo anima a los corintios a aprender:

> Alabado sea el Dios y Padre de nuestro Señor Jesucristo, Padre misericordioso y Dios de toda consolación, quien nos consuela en todas nuestras tribulaciones para que con el mismo consuelo que de Dios hemos recibido, también nosotros podamos consolar a todos los que sufren. Pues así como participamos abundantemente en los sufrimientos de Cristo, así también por medio de él tenemos abundante consuelo. Si sufrimos, es para que ustedes tengan consuelo y salvación; y si somos consolados, es para que ustedes tengan el consuelo que los ayude a soportar con paciencia los mismos sufrimientos que nosotros padecemos. Firme es la esperanza que tenemos en cuanto a ustedes, porque sabemos que así como participan de nuestros sufrimientos, así también participan de nuestro consuelo.
>
> 2 Corintios 1:3-7

Acudiendo a Dios en tiempos de dificultad

En toda crisis —un diagnóstico de cáncer, la pérdida de un trabajo, un divorcio, un hijo que rechaza nuestros valores, el fin de una amistad— tenemos la oportunidad de correr hacia Dios en medio de nuestro dolor o podemos escoger alejarnos de él. Correr *hacia* Dios en nuestro sufrimiento en lugar de alejarnos *de* él nos permite experimentar este profundo consuelo por nosotros mismos. Correr hacia él no hace que el dolor desaparezca, ni transforma una situación imposible de repente en clara y ordenada, pero sí le da significado a nuestro dolor.

El significado de nuestro sufrimiento no siempre es evidente de inmediato. Pueden pasar meses, años e incluso décadas antes de que tengamos un atisbo de cómo Dios usó la aflicción y el sufrimiento para lograr sus propósitos. No obstante, hacer que resulte el bien del mal es lo que él hace mejor, y veo esto con claridad en la vida de mi amiga, la Dra. Susan Hillis.

Susan era una mujer muy ocupada, epidemióloga del Centro de Control de Enfermedades en Atlanta, Georgia, y madre de tres niños pequeños: Cristi, de once; Jonny, de nueve; y Trevor, de dos años. Un día antes de que Jonny cumpliera diez años, Susan, su esposo y sus hijos estaban montando en sus bicicletas. A Jonny lo atropelló un carro y él niño murió en la escena del accidente. Susan y su esposo, Brian, quedaron completamente devastados por la pérdida. Al día siguiente, Cristi le dijo a Susan: «Mamá, tenemos que adoptar a un niño».

Susan y Brian estaban destrozados por la aflicción, y no podían ni siquiera imaginarse por qué Cristi estaría incitándolos a que adoptaran a un niño cuando ni siquiera habían enterrado a Jonny. Susan trató de hacer a un lado los comentarios de Cristi, pero la niña insistió: «Mamá, pienso que Dios quiere que adoptemos a un niño. Creo que deberían orar al respecto». En el lapso de un año, Susan y su esposo empezaron a percibir que Cristi tal vez tenía razón. Pensaban que Dios había llenado sus corazones con una enorme capacidad de amar a los niños, en especial a aquellos que habían sufrido la pérdida de sus familiares. Diminutos destellos del propósito oculto en la muerte de Jonny empezaron a aflorar a la superficie para ellos.

Averiguaron en cuanto a adoptar huérfanos de América Latina, puesto que Susan y Brian hablan fluidamente el español, pero esas puertas se cerraron. Otra agencia de adopción les envió un vídeo de dos niñas rusas: Anya, de ocho años, y Alyosha, de siete. Estaban convencidos de que estas dos niñas eran las que Dios quería que se unieran a la familia Hillis. En los próximos seis años, Susan y Brian adoptaron no solo a Anya y Alyosha, sino también a otros seis huérfanos rusos que ahora viven bajo la seguridad, la protección y el amor de su familia. Sí, usted está contando bien; Susan y Brian tienen diez hijos.

La mayoría de nosotros habríamos entendido si Susan y su esposo hubieran cerrado sus puertas a los niños manteniéndose sumidos en la lóbrega tristeza de perder a Jonny. El dolor de ver a otros niños de su edad simplemente arrojaría sal en la herida, razonamos. Pero ellos le entregaron peligrosamente a Dios sus vidas, sus hijos y su futuro. Ellos no huyeron *de* él sino que acudieron *a* él en su dolor. Al abrir sus corazones y su hogar a otros niños privados de familia —tal como a ellos se les había privado de su ser querido— permitieron que Dios redimiera lo que parecía una tragedia sin sentido. El sufrimiento de Susan y Brian produjo «oro» en sus vidas. Algo de increíble valor había sido producido en el fuego de su aflicción, algo que no hubiera sido producido de ninguna otra manera.

Todos detestamos la aflicción. Odiamos el sufrimiento que resulta de vivir en un mundo destrozado, las dificultades que nos llevan a ponernos sobre nuestras rodillas, las lágrimas que caen por nuestras mejillas como una inundación. Sin embargo, de maneras que pueden suceder solo por diseño divino, la transformación poco a poco surge de las cenizas del fuego. Hombres que antes vivían de forma egoísta para sí mismos hallan satisfacción al servir a otros. Mujeres que solían necesitar que todo estuviera perfecto antes de poder ser felices descubren que se requiere mucho menos para poner una sonrisa en sus caras. Los que tienen problemas de control hallan que la entrega da paz. Los que están muy seguros de sí mismos y su rectitud se hallan a sí mismos más gentiles, más tiernos, más flexibles y maleables. Se vuelven más como Jesús.

François Fénelon no era ajeno al sufrimiento, habiendo aguantado años de chismes, persecución e incluso destierro por su fe. En todo eso él nunca dudó de que Dios usara su sufrimiento para hacerle más como Jesús:

> Me asombra lo que el sufrimiento puede producir. Tú y yo somos nada sin la cruz. Agonizo y lloro cuando la cruz está obrando en mí, pero cuando esto termina miro hacia atrás con admiración ante lo que Dios ha logrado. Por supuesto, entonces me siento avergonzado de que lo haya soportado tan pobremente. He aprendido mucho de mis reacciones tontas.[7]

El apóstol Juan nos recuerda: «En este mundo afrontarán aflicciones» (Juan 16:33). Si hay una garantía férrea en la vida, es esta: los problemas vendrán. Llevan mil caretas diferentes, pero nos llegan a todos. Nadie se escapa. Debido a que la decisión pecaminosa de Adán y Eva de ser su propio dios produjo un planeta quebrantado en donde nada funciona a la perfección, el mal nos toca a todos.

De forma típica nos afanamos por lo que puede sucedernos en el futuro y tratamos de imaginarnos por cuál canal puede venir el mal. Confieso que a veces mi pensamiento se tergiversa. Razono para mí misma que si me rehúso a rendirle todo a Dios, tal vez pueda impedir que las cosas malas sucedan. Solía tener miedo de que la entrega total significara que mi esposo o hijos morirían. Hace años oí a Beth Moore hablar de nuestra tendencia natural a no entregarle a Dios partes de nosotros mismos por nuestro temor de lo que él nos pedirá en respuesta: «El mal vendrá porque vendrá. Pero los que no le niegan nada a Dios hallarán que nada los separa de Dios cuando viene el mal». Ella recalca que los que huyen de Dios en tiempos de problemas hallarán temor, ansiedad, confusión, pánico y soledad. No obstante, los que corren a él en tiempos de problemas hallarán su consuelo, sus tiernas misericordias, su dirección y su poder sustentador.

Dos episodios de cáncer amenazaban desmantelar los sueños que tenía para mi vida, sueños que yo pensaba que Dios había inspirado. Estos sustos con mi salud, tan horrorosos como fueron, me obligaron a examinar lo que creía en cuanto a Dios y su carácter, y me ayudaron a afirmarme de una vez por todas en el lado de la fe que mis circunstancias no pueden estremecer. Muchos días me sentía como si estuviera volando a ciegas, incapaz de ver a Dios con mis ojos, pero sabiendo con certeza que él tiene el control y es *bueno*.

Su vida puede parecer encantadora. El cáncer tal vez nunca se ha asomado por su puerta y nunca ha acosado su salud. Quizás nunca ha vivido una tragedia que amenaza con devastarlo a usted o a sus seres queridos. Pero en algún punto en el camino *algo* amenazará los sueños que tenía para su vida. Su fe en la bondad de Dios será probada. ¿Qué hará cuando parezca que todo lo bueno de su vida se ha convertido en cenizas? En algún punto se verá tentado a declarar que ya está harto y a alejarse de Dios. Cuando parezca que él le dispuso para algo maravilloso, solo para luego quitárselo (en sus marcas, listo, detente), ¿cómo va a responder? Recuerde, nuestra vida de fe exhibe sus verdaderos colores cuando es puesta a prueba. Aprender mediante su propio sufrimiento que Dios es bueno y que se puede confiar en él le preparará para enfrentar el sufrimiento y el mal que encuentra en la vida de los demás.

꧁ Entrega ꧂

¿Renunciará a su demanda de que Dios ordene su vida de la manera en que usted desea que la ordene?

Padre celestial, confieso que mi inclinación es huir de ti cuando los problemas me salen al paso. Me enojo y frustro por las circunstancias de mi vida, y empiezo a preguntarme si en realidad eres un Dios bueno. Perdóname por exigirte que mi vida no tenga dolor ni adversidad. En este momento de reflexión tranquila, escojo traerte a ti mi corazón, espíritu y cuerpo quebrantados; vengo corriendo a ti. ¿Me harías el favor de consolarme? No quiero desperdiciar más mi sufrimiento. Por favor, usa los fuegos de los tiempos difíciles para producir «oro» en mi vida de modo que las cosas que nublan la pureza de mi amor por ti se quemen. Ayúdame hoy a poner en práctica lo que digo que creo.

Para empezar

- Piense en alguna ocasión en la que usted experimentó un momento «en sus marcas, listo, detente» durante su peregrinaje. Escriba unas pocas frases que describan cómo reaccionó. Si tiene un compañero de lectura, conversen sobre su reflexión la próxima vez que hablen.
- Memorice el Salmo 118:1: «Den gracias al Señor, porque él es bueno; su gran amor perdura para siempre».
- Oiga el mensaje de Kay «The Spiritual Side of Breast Cancer» [El lado espiritual del cáncer de pecho], en www.kaywarren.com.

CAPÍTULO 5

Exponiendo el mal

Los malvados no duermen si no hacen lo malo;
pierden el sueño si no hacen que alguien caiga.
Su pan es la maldad; su vino, la violencia.

Proverbios 4:16-17

Tal vez el más grande desafío al confrontar el mal es simplemente empezar.

Gary Haugen, *Terrify No More*

LA CALLE LLENA DE PEQUEÑAS FLORECITAS APENAS TENÍA EL ANCHO SUFICIENTE para que el carro pasara. A un lado había diminutos cafés en la vereda en donde hombres a la usanza occidental estaban sentados bebiendo cerveza con mujeres camboyanas de corta estatura y edad mediana. Miraban el carro con sospecha, haciendo una pausa en sus conversaciones para ver quién podía estar conduciendo por esa parte de la ciudad. Al otro lado de la estrecha calle había edificios derruidos con puertas de metal cerradas con candado. Mi piel se erizó del horror al enterarme de que detrás de esas puertas cerradas con candado había niñas pequeñas, algunas de cinco o seis años, que serían ofrecidas para que los hombres que estaban sentados en los cafés tuvieran relaciones sexuales con ellas tan pronto como anocheciera. Se nos dijo que mientras más pequeña la niña, más dinero valía… las vírgenes eran valoradas mucho en este mundo de perversión sexual. Por unos meros trescientos dólares un hombre podía «comprar» a una de estas pequeñas, llevársela a un hotel por una semana, usarla de la manera que se le antojara, y luego devolverla al prostíbulo donde la había hallado.

Maldad, maldad indecible.

Con su cara convulsionada por el dolor y palabras ahogadas emergiendo de una garganta casi cerrada debido a los esfuerzos por contener las lágrimas, el obispo John hablaba de su querida sobrina. En algún

76

momento durante los cien días de genocidio en 1994 cuando Ruanda se estremeció, convulsionó e implosionó en sí misma, ella fue violada y golpeada. No satisfechos con el daño que ya le habían inflingido, sus verdugos meticulosamente le quitaron la piel de sus brazos hasta sus codos para revelar músculos y ligamentos. Y hubo más. El odio alimentaba el fuego que ardía dentro de los corazones de los que la torturaban; ellos silenciaron sus gritos agonizantes cortándole la cabeza.

Maldad, maldad indecible.

En Teul Slang, en el edificio en ruinas de una escuela en Phnom Penh, Camboya, fui de un salón de interrogación a otro, de una celda de la cárcel a otra, acabando en un cuarto en donde cráneos blancos estaban almacenados con precisión detrás de un anaquel de vidrio. Las fotografías en blanco y negro de las caras de hombres, mujeres y niños que fueron torturados y después asesinados recubrían las paredes. Sus captores hallaron un macabro placer al grabar cómo se veían sus víctimas antes de masacrarlas. Grandes murales ahora grabados en mi memoria mostraban horribles maneras de matar. Una escena era de una madre yaciendo en el suelo, estirándose para tratar de quitarle a su bebé a un soldado contento. Él estaba haciendo oscilar al infante hacia el tronco de un árbol de la misma manera que un bateador golpea a una pelota. Las reproducciones en vídeo de la brutalidad estaban a disposición para ser vistas. Los guías de los museos nos contaron del adoctrinamiento en masa de niños y jóvenes para que traicionaran a sus padres, tíos, tías, hermanos, vecinos… tergiversando el amor y lealtad hacia la familia en amor y lealtad a un régimen brutal. Millones fueron masacrados, y una nación quedó lesionada y vapuleada, marcada para siempre con el legado del genocidio.

Maldad, maldad indecible.

Una encantadora mañana a principios del 2007, un tirador mentalmente enfermo empezó a desatar su cólera, frustración y odio sobre sus compañeros de clases que no sospechaban nada en la Universidad Virginia Tech. Sin ninguna emoción visible, con calma y de forma metódica entraba en las aulas, llenando de balas los cuerpos de extraños y conocidos, disparando más veces de las necesarias para matarlos. En pocos minutos, por lo menos quince personas quedaron heridas, y otras treinta y tres (veintisiete estudiantes y cinco profesores, más el asesino) se encontraban horrible e inexplicablemente muertas.

Maldad, maldad indecible.

Casi ni puedo respirar al escribir estas palabras. Siento como si un peso enorme me oprimiera el pecho, y sigo lanzando grandes suspiros mientras intento poner las palabras en el papel a través de mis lágrimas. Sacudo con fuerza mi cabeza, como si sacudiéndola lograra alejar de mí estas imágenes que me enferman. Cómo quisiera que estos relatos fueran ficticios o exagerados para ilustrar un punto. Cómo quisiera que estos ejemplos de maldad fueran incidentes aislados, anomalías en un mundo de otra manera idílico en donde la bondad, lo bueno y el amor fraternal reinaran supremos. Cómo quisiera que simplemente pudiera cambiar de canal y hacer que todo desapareciera, como hago cuando veo en la pantalla de mi televisor las imágenes fastidiosas de niños con vientres abultados.

Sin embargo, el mal es real, y al mal hay que exponerlo, enfrentarlo y detenerlo.

Dios desea no solo perturbarnos por el sufrimiento que vemos sino también perturbarnos seriamente abriendo nuestros ojos al mal que está detrás del sufrimiento. Usted tal vez se vea tentado a saltarse este capítulo y pasar a las secciones más positivas y edificantes del libro. Comprendo la urgencia con que desea escapar de las historias incómodas y fastidiosas que he relatado. La negación es una respuesta psicológica dada por Dios que nos protege cuando la realidad llega a ser más de lo que podemos soportar, pero esta solo tiene el propósito de actuar a corto plazo; la negación no está supuesta a convertirse en un hábito, una forma de vida. Tristemente, para muchos de nosotros negar la realidad, la persistencia y la enormidad del mal es un procedimiento estándar de operación.

Los que vivimos en países ricos en recursos podemos darnos el lujo de pretender que la vida es bastante buena para todos. Con certeza, todos tenemos problemas y retos, pero pocos de nosotros nos encontramos frente a frente con el mal descarnado a diario. Tal vez los que trabajan en las agencias de la ley, los servicios sociales o el sistema de cárceles vean el horrible lado bajo de la humanidad como parte de su rutina diaria, pero el resto de nosotros vivimos con despreocupación nuestras vidas ignorando o sin darnos cuenta de la manera en que el mal sin oposición destroza nuestro planeta todos los días. Cuando en efecto nos tropezamos con el mal, no estamos preparados, nos sentimos en verdad aturdidos y perplejos porque *esto* terrible haya invadido nuestras vidas, como si nosotros no *tuviéramos* que lidiar con eso.

Yo también respondí con aturdimiento, pero no debería haberme sorprendido tanto cuando vi por primera vez el mal que acabo de describirles. La Biblia no usa tapujos cuando se refiere al mal agazapado en una humanidad quebrantada. Describe la depravación que heredamos de Adán y Eva con detalles vívidos y deprimentes:

Al ver el SEÑOR que la maldad del ser humano en la tierra era muy grande, y que todos sus pensamientos tendían siempre hacia el mal, se arrepintió de haber hecho al ser humano en la tierra, y le dolió en el corazón.

Génesis 6:5-6

Dice el necio en su corazón:
«No hay Dios.»
Están corrompidos, sus obras son detestables;
¡no hay uno solo que haga lo bueno!
Desde el cielo el SEÑOR contempla a los mortales,
para ver si hay alguien
que sea sensato y busque a Dios.
Pero todos se han descarriado,
a una se han corrompido.
No hay nadie que haga lo bueno;
¡no hay uno solo!

Salmo 14:1-3

Hay un mal en todo lo que se hace en esta vida: que todos tienen un mismo final. Además, el corazón del hombre rebosa de maldad; la locura está en su corazón toda su vida, y su fin está entre los muertos.

Eclesiastés 9:3

Nada hay tan engañoso como el corazón.
No tiene remedio.
¿Quién puede comprenderlo?

Jeremías 17:9

Para los seis que íbamos en la furgoneta por la calle de las florecitas en Camboya, la realidad del mal inundó de modo abrupto nuestros sentidos. Elizabeth, su hijo Peter, mi hijo Matthew y una joven pareja de Saddleback me habían acompañado a Tailandia y Camboya. Ahora estábamos llenos de una mezcla de estupor, náusea y rabia. ¿Quién les haría intencionalmente cosas tan atroces a niñas pequeñas? ¿Qué clase de hombres y mujeres comerciarían con los cuerpos de niñas a las que retenían contra su voluntad? ¿Qué impulsa a estos hombres a viajar miles de kilómetros para darle rienda suelta a su lujuria a costa de la inocencia y la salud de una niña? En mi furor, mis pensamientos eran asesinos: quería *hacerles daño* a los hombres que estaban esperando como buitres. Quería castrarlos de maneras violentas, hacerlos sufrir por el sufrimiento que estaban causando. Al mismo tiempo, quería ser la heroína de una tira cómica que derribaba las puertas con candados, entraba volando y liberaba a las miles de niñas cautivas, y las llevaba hasta hogares donde las quisieran.

¿Qué podía hacer yo contra un mal tan detestable? Era nada más que una mujer común.

Si el obispo John tuvo dificultad para contar la muerte de su sobrina, una parte de mí quería embutir mis dedos en mis oídos y canturrear con fuerza: «La, la, la, la, la… ¡no te oigo!» La sobrina del obispo John era una de los millones de personas asesinadas en el genocidio de Ruanda. La brutalidad de su muerte no fue muy diferente a la de la muerte de sus vecinos, amigos y compañeros de escuela. Ruanda está llena de sitios de genocidio, muchos de ellos iglesias a donde los perseguidos acudieron buscando asilo, solo para descubrir que sus «protectores» fueron los que los traicionaron. La sangre todavía mancha las paredes de ladrillo. Muchas tumbas masivas están cubiertas con cemento, pero cuerpos momificados todavía se descubren en letrinas, pozos y otros lugares escondidos. Nadie quedó ileso por el mal que destrozó la hermosa Tierra de las Mil Colinas.

La exposición al mal en Teul Slang produjo aun más sentimientos de impotencia contra una maldad casi demasiado grande como para comprenderla. Enfermos, aturdidos, horrorizados y llenos de una pesada tristeza, los que estábamos en el grupo nos hallamos incapaces de conversar al conducir de regreso a nuestro hotel. ¿Qué podemos decir cuando hemos presenciado la maldad que infiltra los corazones de seres humanos como uno? ¿Cómo incluso seleccionar palabras lo suficiente gráficas para expresar lo que vimos? Como una autómata me dirigí a mi habitación, sin ver en realidad nada ni a nadie. Mi mente volvía a reproducir las atrocidades de esa prisión, recorriendo una y otra vez las lóbregas celdas, las herramientas de tortura, los cráneos, las caras sentenciadas en las fotografías. En mi cabeza podía oír los gritos, los gemidos, las súplicas de misericordia que caían en oídos sordos. Todo lo que quería era escapar de este sitio en donde había actuado el mal en su forma más cruda.

Después de un tiempo, el mal adormece. Las mentes y corazones, capaces de absorber solo hasta cierto punto, se cierran.

Cambiando de canal

¿Qué quiere Dios que hagamos en cuanto al mal? ¿Hay en realidad algo que una persona pueda hacer? Puedo decirle lo que él *no* quiere que hagamos: que lo ignoremos o neguemos, pretendamos que no existe, cerremos nuestros corazones y mentes, y esperemos que desaparezca por sí solo. Él no quiere que lo apacigüemos, lo aplaquemos, no lo resistamos, coexistamos con él, lo justifiquemos, lo disculpemos o lo llamemos por otro nombre. En el sistema divino de valores, estas respuestas son tan perversas como endosar, abrazar o cooperar con el mal.

El mal no desaparecerá por sí solo. Se vuelve más insidioso cada día. Rodea al bien con solo una meta en mente: la dominación y eliminación de lo bueno.

Vivimos en un tiempo en la historia en el que a veces muchos se burlan, ridiculizan, muestran condescendencia o ignoran por completo el concepto del bien y del mal. Enmarcar el mundo en tales términos puede hacer que nos rotulen como sensacionalistas o moralistas. Creer que hay un conflicto cósmico que tiene lugar entre el bien y el mal es risible en algunos círculos, y a menudo esto se descarta con facilidad con un ademán de la mano y una sonrisa condescendiente. Sin embargo, hallo imposible conversar sobre el mal y la oscuridad que lo acompaña sin usar términos como «lucha», «batalla», «guerra», «armas» y «victoria». Hacerlo así pone incómodos a algunos. No sé de qué otra manera hablar al respecto; si usted piensa que no es una batalla, tome el periódico esta noche y recorra con la vista los titulares (mejor todavía, lea todos los macabros detalles).

Tal vez se sienta un poco perplejo por esta consideración del mal en medio de un libro sobre la entrega. Quizás está preguntándose: «¿Qué tiene el mal que ver con mi entrega personal al llamado de Dios en mi vida?» Como verá, reconocer la realidad del mal y luego aceptar el mandamiento de Dios para exponerlo y oponerse al mismo son partes integrales de una entrega peligrosa.

El mal es real… y también la persona detrás del mismo. Me encanta la trilogía original de *La guerra de las galaxias* y la he visto como una docena de veces con mi hijo Matthew. Sin embargo, el mal no es el lado oscuro de una fuerza o energía que consiste tanto del bien como del mal. El mal no es un poder impersonal que flota por el universo. El mal viene de un ser rebelde que trata de apoderarse del lugar legítimo de Dios: la Biblia lo llama Satanás o el maligno. Cuando Dios lo arrojó del cielo, Satanás se llevó consigo a una tercera parte de los ángeles para producir el caos en nuestro mundo. Juntos han invadido la tierra y tienen la misión de destrozar todo lo que está a la vista, habiendo adoptado un método muy real de «no tomar prisioneros». La Biblia describe nuestra lucha contra el mal como una batalla espiritual: «Porque nuestra lucha no es contra seres humanos, sino contra poderes, contra autoridades, contra potestades que dominan este mundo de tinieblas, contra fuerzas espirituales malignas en las regiones celestiales» (Efesios 6:12).

El mal es muy personal… es horrible, implacable, grotesco y nauseabundo; es increíblemente cruel; aturde la mente, destroza el alma y parte el corazón. Es *real*, y hay que reconocerlo y lidiar con él… no solo unos pocos, sino todos.

Tal vez usted haya sido escogido para lidiar con él de la manera en que yo lo hice la mayor parte de mi vida: cambiando de canal. ¿No le gusta lo que ve en una estación de televisión en particular? Clic, cambie el canal. ¿Le parecen muy deprimentes las noticias? Clic. ¿Piensa que la guerra, la muerte y las víctimas son demasiado fastidiosas? Clic. ¿No puede aguantar ver a otro niño esquelético que se muere de hambre? Clic. ¿Otro comercial de una agencia de beneficencia? Clic. Ah, aquí hay algo que me gusta: cómo los ricos y famosos de Hollywood gastan su dinero en minucias, oropel, barcos y juergas. O tal vez haya otra cosa incluso algo mejor: ¡un *reality show*! ¿Qué futuro cantante narcisista será humillado en el programa de esta noche? O mi programa favorito: ¿Cuál ama de casa del condado de Orange sobrepasará a su vecina con relación al dinero que gasta, los tragos que bebe, las fiestas que da, sus decoraciones o el número de cirugías plásticas que se ha hecho? ¡Ahora estamos hablando de entretenimiento *de calidad!*

¿Realidad? Difícilmente.

¿Podría ser que hayamos usado como sustituto una «realidad» falsa a fin de no pensar mucho en la realidad real? No me entienda mal, me gusta la televisión tanto como a cualquiera, pero algo insólito nos está sucediendo. Si no nos permitimos a nosotros mismos ser conscientes de la realidad y mantenernos al tanto y sintonizados con ella, casi podemos olvidar que el mal es un artículo principal de nuestra existencia. Dejaremos de exponerlo y de oponernos al mismo, lo que permite que se establezca incluso más hondo en los rincones oscuros de nuestras ciudades, nuestras instituciones, nuestra cultura y nuestras propias vidas.

En lo que a mí respecta, no puedo ignorarlo más. No puedo simplemente ocupar un espacio en este planeta, viviendo dichosa mi vida cómoda, mientras ignoro el mal y la manera en que rebaja y destroza la vida. No puedo pretender que esas niñas pequeñas no están siendo vendidas *hoy* a hombres que lastimarán sus cuerpecitos frágiles y sus tiernas almas. No puedo pretender que millones no están viviendo en la miseria, esperando sobrevivir un día más en los campos de refugiados. No puedo pretender que no hay mujeres a las que violan y maltratan todos los días. No puedo pretender que no hay hombres y mujeres que son secuestrados, despojados de su dignidad, obligados a hacer cosas humillantes para el placer de sus captores, torturados cruelmente y asesinados por sus creencias. No puedo pretender que no hay millones a los que se les expulsa de la tierra que poseen, se les despoja de sus derechos, sus pertenencias, y del dinero que se les debe. En verdad, la lista es interminable cuando tratamos de catalogar los males que se llevan a cabo las veinticuatro horas al día los siete días de la semana, cada día de cada año.

Ya me cansé de cambiar de canal.

La entrega peligrosa le llama a usted para que también se canse de eso. Dios nos llama de forma clara a oponernos al mal en toda forma, a sacarlo a la luz del día, y luego a librarnos del mismo. Así es como la Biblia describe esta realidad y nuestra responsabilidad:

> No tengan nada que ver con las obras infructuosas de la oscuridad, sino más bien denúncienlas ... Pero todo lo que la luz pone al descubierto se hace visible, porque la luz es lo que hace que todo sea visible.
>
> Efesios 5:11,13-14

Si se mueve una gran piedra, no es raro hallar insectos extraños y horribles viviendo debajo de ella. Cuando se los expone a la brillante luz del sol, se desparraman y huyen buscando ocultarse bajo alguna otra piedra. Eso es lo que se supone que debemos estar haciendo en nuestro mundo: exponiendo las obras de la oscuridad a la luz de la justicia y santidad de Dios. Sí, algunos de los malhechores evadirán que se les atrape; simplemente se volverán más astutos para esconder y disfrazar sus obras, pero debemos realizar todo lo que podamos para hacer retroceder a la oscuridad dondequiera que la hallemos.

Haciendo retroceder a la oscuridad

La saga El Señor de los Anillos, de J. R. R. Tolkien, muestra este choque entre el bien y el mal en una escala épica. En *El retorno del rey*, los valientes hobbits, elfos, enanos, así como los del mundo de los hombres, batallan contra el perverso Sauron y sus terribles criaturas. Todo encuentro es un intento de hacer retroceder a las tinieblas que asfixian. Comprenden que todo estará perdido si ceden en la batalla... no solo para ellos mismos sino para la vida como la conocen.

La mayoría de nosotros simplemente no queremos que se nos fastidie con tales sombríos pensamientos. Racionalizamos que el mal no es *tan* malo. No le dedicamos al mal ningún pensamiento sino hasta que nos encontramos con él personalmente o tomamos la decisión de dejar de estar ausentes de la batalla. Esta es una falla trágica en nuestra sociedad.

Algunas de las personas más heroicas que conozco son aquellas que se ocupan de exponer el mal, oponerse al mismo, y realizar todo lo que pueden para hacer retroceder a la oscuridad. Permítame contarle de unas pocas de ellas:

- Me inspiran y motivan a hacer mi parte personas como mi amigo Gary Hougen de la International Justice Mission. Gary fue parte del equipo de las Naciones Unidas que investigó el genocidio de Ruanda en 1994 y ahora dirige IJM para ayudar a las naciones a imponer sus propias leyes: leyes contra la esclavitud, la prostitución infantil, el despojo de tierras y el encarcelamiento falso. Gary está usando sus habilidades y capacitación como abogado para lograr una vida diferente para miles.
- Mi joven amiga Beth Waterman y otros en Word Made Flesh viven entre las prostitutas de Calcuta y Chennai, India, ayudando a las mujeres a hallar vidas significativas y trabajar fuera de la oscuridad de los prostíbulos. Su compromiso a vivir entre mujeres que ofrecen escasa esperanza para una buena vida me muestra cómo sacrificarme yo misma a favor de otros.
- El pastor Stratton Gataha en Kigali, Ruanda, atiende personalmente a los infectados con el VIH y el SIDA de su congregación, y ha adoptado a niños que el SIDA o el genocidio en su país ha dejado huérfanos. El pastor Gataha y su esposa, Adeline, están poniendo en práctica los mandamientos bíblicos de demostrar la veracidad de su fe cuidando a los huérfanos. La vida de ellos no es rica y llena de comodidades, pero su obediencia les ha dado gozo.

- Cumpliendo un sueño de ir a África, Dan y Kathleen Hamer descubrieron que Dios tenía planes más grandes de lo que habían esperado. Ellos rodearon con sus brazos a un niño de cinco años de la calle llamado Derrick en Kitale, Kenia, y hubo un vínculo instantáneo. Con el tiempo adoptaron no solo a Derrick sino también a su hermano menor, Reggie, que también era un niño de la calle. La pasión en sus caras es intensa cuando hablan de la desgracia de los millones de niños del planeta obligados a velar por sí mismos en las calles de las ciudades del mundo. No descansarán hasta que otros asuman la responsabilidad de la suerte de estos niños abandonados.
- Heather y Scott Raines han adoptado a tres niños con necesidades especiales —niños verdaderamente en el escalón más bajo de la sociedad— de tres países diferentes. Ellos han adoptado a niños que necesitan constante atención y tratamiento médico solo para sobrevivir, pero la orgullosa sonrisa en la cara de Heather al presentarme a cada nuevo pequeño tocó algo muy dentro de mí. Estos son sus bebés, a los que ama de modo tan profundo como si hubieran salido de su propio cuerpo. Los brazos abiertos de Heather y Scott están haciendo retroceder a la oscuridad.
- Me animan los políticos como el senador Sam Brownback y las organizaciones de auxilio tales como World Vision, que usan su influencia a favor de los niños vulnerables asociándose para promover leyes que hacen que los crímenes sexuales cometidos por ciudadanos de los Estados Unidos en otros países sean castigados en nuestro país. Los crímenes sexuales contra los niños son viles y merecen que se castiguen. Durante años los depredadores se han sentido seguros porque no se les ha enjuiciado aquí, pero ahora, debido a los incansables esfuerzos del senador Brownback y World Vision, los chicos malos tienen más dificultad para evitar que se lleve a cabo un juicio.
- Me asombran los seguidores de Cristo de la Iglesia Bautista Misionera Bennett Chapel, en Shelbyville, Texas. En esa pequeña iglesia de doscientos miembros, veintiséis familias han adoptado a setenta niños del sistema de cuidado temporal, muchos de los cuales tienen problemas físicos y emocionales. No son familias acomodadas, y no lo hacen porque es lo que está de moda hacer. El pastor W. C. Martin y su esposa, Donna, sencillamente señalaron el mandato bíblico de cuidar a los huérfanos, lo hicieron real al adoptar ellos mismos a tres niños difíciles de colocar, y luego animaron a otros a cuidar de estos niños olvidados. Si la diminuta

Shelbyville, en Texas, puede hacer retroceder a la oscuridad, de igual forma podemos lograrlo el resto de nosotros.

Todos estos individuos, organizaciones e iglesias locales están realizando lo que pueden para hacer retroceder a las tinieblas. Ellos están dispuestos a dejar de cambiar el canal y empezar a reconocer la presencia del mal, haciendo lo que pueden con lo que tienen para causar un impacto. Están dispuestos a llamarle mal al mal, a exponerlo, oponerse al mismo y tratar de ponerle fin.

Las malas noticias son que el mal es real y se ha extendido. Usted está en la mira, y lo atacará también. Sin embargo, no se asuste por esa afirmación, es simplemente la realidad de vivir en un mundo dominado por Satanás y sus seguidores.

Las buenas noticias son que el mal no ganará en última instancia. Tal vez pueda ganar algunas escaramuzas, pero *no* ganará la guerra. Un día Dios acabará por completo con el mal. Junto con esta garantía, Dios nos llama a dejar de ser parte de la oscuridad y pasar a ser parte de la luz. Mediante una relación personal con Jesucristo, nuestros corazones sufren un cambio. Cambiamos de lealtades. Nos volvemos ciudadanos de una nueva «patria», una que es mucho más grande, mejor, y mucho más duradera que la patria a la cual ahora pertenecemos. Esta ciudadanía trasciende todas las lealtades terrenales y los vínculos, divisiones y facciones étnicas, y durará hasta la eternidad. Así es como la Biblia describe este cambio:

> Pero ustedes son linaje escogido, real sacerdocio, nación santa, pueblo que pertenece a Dios, para que proclamen las obras maravillosas de aquel que los llamó de las tinieblas a su luz admirable.
>
> 1 Pedro 2:9

> En cambio, nosotros somos ciudadanos del cielo, de donde anhelamos recibir al Salvador, el Señor Jesucristo.
>
> Filipenses 3:20

Como ciudadanos del cielo, tenemos el mandato de exponer la oscuridad, oponernos a ella con todas nuestras fuerzas, y usar el poder extraordinario de Dios para impedir su progreso. La Biblia es clara en cuanto a de dónde proviene nuestro poder y cuán alto es lo que está en juego:

Por ti derrotamos a nuestros enemigos;
en tu nombre aplastamos a nuestros agresores.
Yo no confío en mi arco,
ni puede mi espada darme la victoria;
tú nos das la victoria sobre nuestros enemigos,
y dejas en vergüenza a nuestros adversarios.

Salmo 44:5-7

Porque nuestra lucha no es contra seres humanos, sino contra
poderes, contra autoridades, contra potestades que dominan
este mundo de tinieblas, contra fuerzas espirituales malignas
en las regiones celestiales.

Efesios 6:12

Es fácil sentirse desmoralizado debido a las armas de la oscuridad, en especial aquellas visibles tales como: la injusticia, la pobreza, la enfermedad, la crueldad, la tortura, la violación, la esclavitud, la brujería, los robos, el adulterio, los homicidios, las mentiras, la corrupción, el abuso de poder y los falsos encarcelamientos. Debajo del mal visible podemos ver las fuerzas invisibles impulsoras de la maldad: el temor, la superstición, la codicia, la arrogancia, la perversión y el odio. Y la lista podría seguir y seguir.

La mayoría de nosotros somos personas comunes, ya hace tiempo que dejamos atrás la fantasía de ser superhéroes. Hay muy poco en nosotros que nos calificaría como luchadores contra el mal. No obstante, tenemos acceso al poder de Dios, y la Biblia dice que Dios nos provee de armas que no son de este mundo. Esto quiere decir que sin que importe cuán intimidante parezca el mal, los creyentes pueden oponérsele con intrepidez. ¿Cómo? Usando las armas que Dios nos ha dado.

Así es como la Biblia describe las armas que están a nuestra disposición:

Pues aunque vivimos en el mundo, no libramos batallas
como lo hace el mundo. Las armas con que luchamos no son
del mundo, sino que tienen el poder divino para derribar
fortalezas. Destruimos argumentos y toda altivez que se
levanta contra el conocimiento de Dios, y llevamos cautivo
todo pensamiento para que se someta a Cristo.

2 Corintios 10:3-5

El Dios de que hemos estado hablando es, en sí mismo, bueno. De esto se desprende entonces de un modo natural que aquellos que lo conocen y le aman se comportan como él. Cuando el Espíritu Santo está en control de nuestras personalidades y reacciones, producirá en nuestras vidas las cualidades del carácter de Dios. Como Pablo escribe: «El fruto del Espíritu es amor, alegría, paz, paciencia, amabilidad, bondad, fidelidad, humildad y dominio propio. No hay ley que condene estas cosas» (Gálatas 5:22-23).

Jesús colocó muy alto la barra para sus seguidores: «Ustedes, por el contrario, amen a sus enemigos, háganles bien y denles prestado sin esperar nada a cambio. Así tendrán una gran recompensa y serán hijos del Altísimo, porque él es bondadoso con los ingratos y malvados» (Lucas 6:35).

La manera de Dios de luchar contra el mal tiene un giro sorprendente. Nosotros no hacemos retroceder a la oscuridad usando las armas del mal sino usando la «artillería» del cielo: la verdad, la justicia, la santidad, la dignidad, el honor, la confianza, la fidelidad, la honradez, la fe, la esperanza, la humildad, el sacrificio, el deber, el gozo, la bondad, el dominio propio, la misericordia, la compasión y el *amor*. Es tentador desatarnos contra el mal usando las mismas armas que él usa, pero hacerlo así nubla las líneas entre lo bueno y lo malo. Por ejemplo, mi respuesta instintiva a los hombres que estaban abusando de las niñitas en Camboya era castrarlos; quería mutilarlos cruelmente debido a su conducta pervertida. A estos hombres hay que arrestarlos, acusarlos en una corte legal y luego enviarlos a la cárcel —la justicia requiere castigo— pero mi deseo emocional de venganza no es la manera de Dios.

Tal vez se sienta enervado por los ejemplos de maldad que he dado, o quizás los relatos que narré le recuerdan el mal con el que usted o un ser querido se han encontrado. Es posible que se encuentre horrorizada, furiosa, y tal vez incluso lista para salir corriendo por la puerta y aporrear a unos cuantos. Sin embargo, si no tenemos cuidado, acabaremos comportándonos tal como la gente que estamos tratando de detener (vea más de esto en el próximo capítulo). Por ahora, simplemente llévele a Dios su respuesta emocional y determine seguir sus órdenes de marcha: «No te dejes vencer por el mal; al contrario, vence el mal con el bien» (Romanos 12:21).

El arma más grande que tenemos contra el mal es hacer el bien en el nombre de Jesús.

✑ **Entrega** ✑

¿Dejará usted de «cambiar el canal» y vivir negando el mal de nuestro mundo?

Padre, te confieso que me he vuelto muy adepto a cambiar de canal. En lugar de hacer retroceder a la oscuridad, la alejo de mí para no tener que reconocer ni sentir el dolor de vivir en un mundo quebrantado. Estoy viviendo en una burbuja de irrealidad. ¿Me conmoverás para que me enfurezca por el mal? Te pido que abras mis ojos para que vea el mal, mis oídos para que oiga los gritos de los que están siendo destrozados por la maldad, y luego mi boca para empezar a hablar a favor de los que no tienen voz. Escojo hoy empezar a vencer con el bien el mal. Por favor, muéstrame por dónde empezar.

Para empezar

- Haga una pausa en este momento y confeccione una lista de los males del mundo que le enfurecen en particular. Si se está reuniendo con un compañero de lectura, comente su lista con esta persona y conversen al respecto.
- Aprenda más sobre cómo otros están haciendo retroceder a la oscuridad visitando algunos de los sitios en la red que se mencionan en el Apéndice 1.
- Oiga el mensaje de Rick Warren, «Dealing with Evil» [Lidiando con el mal], en www.kaywarren.com.

CAPÍTULO 6

Los espejos no mienten

Nada hay tan engañoso como el corazón.
No tiene remedio.
¿Quién puede comprenderlo?
Jeremías 17:9

El mal no está solo en donde se ha derramado sangre. El mal está en el
corazón humano absorto en sí mismo.
Ravi Zacharias, *Deliver Us from Evil*

HABÍA OÍDO LOS ESPELUZNANTES RELATOS DEL GENOCIDIO EN RUANDA EN 1994. En un período de cien días, alrededor de un millón de habitantes de Ruanda fueron asesinados por sus conciudadanos de una manera que imitaba el frenesí genocida que estremeció a Camboya en la década de los setenta. Al bajarme del avión en el pequeño aeropuerto de Kigali, estaba segura de que sabría cómo detectarlos: cómo mirar a los ojos de un hombre o mujer de Ruanda y evaluar si había o no participado en el genocidio once años atrás. Pensé que podría reconocer una conducta criminal pasada solo hablando con alguien. Creí que podría identificar a aquellos que habían traicionado a sus esposos, esposas, hijos o hijas, tíos o tías, vecinos o hermanos de la iglesia. ¿Cuán difícil es distinguir entre el victimario y la víctima?

Era muy ingenua.

Para mi gran desencanto, no podía decirlo al verlos. Conversé con hombres y mujeres —hutu y tutsi— y a menos que me contaran cosas íntimas de su vida, no tenía manera de distinguir entre los chicos buenos y los malos. Esto me asustó e hizo que me sintiera muy vulnerable. «¡Puedo estar sentada en la misma mesa con algún homicida y no saberlo!», pensé para mis adentros.

En una de las provincias conocí a un funcionario municipal: un hombre de buena apariencia, pulcramente vestido con traje y corbata. Nos dio una calurosa bienvenida, nos sirvió una maravillosa comida bajo una carpa que nos protegía del sol, y pronunció sus saludos oficiales. Sin embargo, mientras conversábamos y nos conocíamos, me contó a mí y a Rick en voz baja y términos velados que había tomado parte en las masacres de 1994. Aludió a su papel pero dijo que había sido muy pequeño. De forma habitual él podría haber esperado que lo castigaran con severidad, pero explicó que todos sabían bien que era un buen hombre que había tomado algunas decisiones malas en la pasión del momento. Le fue concedida misericordia y una segunda oportunidad de demostrar lo que era. Recuerdo haberle escuchado hablar mientras mi mente corría con sus revelaciones. De modo instintivo me alejé de él, quería alejarme y no tener nada que ver con su persona. ¿Cuál era la verdadera extensión de sus crímenes? ¿Cómo podía este hombre que parecía tan común haber sido parte de aquella locura?

Él no parecía un monstruo.

En los días que siguieron visitamos el norte, el este, el oeste y el sur de Ruanda. Comimos con los pastores y sus familias, conocimos funcionarios del gobierno, personas de negocio, pobres, ricos, enfermos y hospitalizados, y a otros que relucían con buena salud. Conocí a personas regulares que no parecían monstruos o se comportaban como monstruos; es más, se parecían mucho a mí. Me aturdió lo normal que eran todos. Personas que tranquilamente se dedicaban a sus negocios, su trabajo, que atendían sus cultivos, criaban a sus hijos… simplemente viviendo la vida.

Poco a poco lo comprendí: no había ningún monstruo en Ruanda (ni en ninguna otra parte, a propósito) —una clase especial de personas para quienes la tortura, la violación y el homicidio resulta fácil— sino que había muchas personas como yo, personas comunes que se habían visto atrapadas en el odio y pasión del momento y habían permitido que el mal reinara en sus corazones durante una temporada. Las implicaciones de percatarme de eso me aturdieron, conduciéndome hacia una reflexión angustiada. ¿Pudiera yo también estar llena de depravación y ser capaz de cometer las mismas atrocidades si alguna vez permitía que el mal reinara en mi corazón? Este pensamiento parecía demasiado horroroso para aceptarlo.

Dios continuó llenando las formas y colores en ese papel fotográfico que me entregó a principios del 2002. Él me había mostrado que parte de su plan para mi vida era que abogara por las personas con VIH y SIDA, y yo había viajado a África y Asia para aprender cómo el VIH afecta las vidas de los que toca. Los dos encontrones con el cáncer habían ambos estremecido y fortalecido mi fe al mismo tiempo. Había comenzado la iniciativa del VIH y el SIDA en la iglesia Saddleback para informar, inspirar y equipar a nuestros miembros para que atendieran a las personas con

VIH y SIDA en nuestra propia comunidad y en todo el mundo. Se inició el plan Global PEACE. Luego llegó una invitación del presidente Paul Kagame para que Rick y yo visitáramos Ruanda.

En preparación para el viaje leí libros en cuanto al genocidio, vi varias películas, y devoré todo lo que pude hallar que me ayudaría a explicar lo que había sucedido allí en 1994. Conforme crecía mi conocimiento del genocidio, me enfurecí y horroricé por todo el mal. Había obtenido una muestra de los efectos del genocidio en Camboya, así que mientras aguardaba para ir a Ruanda, tenía la esperanza de exponer el mal y a los que participaron en él, sin que importara quién hubiera intervenido. Quería *justicia* para todas las víctimas por el terror que los obradores de maldad habían infligido a los más débiles que ellos mismos. Tenía la misión de enderezar los males, buscar el castigo para los chicos malos, y hacerles pagar de alguna manera por su conducta. En una palabra, estaba llena de justa indignación y me sentía muy superior.

Enfrentando el mal por dentro

El problema con mi misión era que no me había incluido a mí misma en la lista de los obradores de maldad. Yo buscaba monstruos, y lo que hallé más bien fue la monstruosa capacidad para el mal y la perversidad en mi propia alma. Estaba tan atareada sosteniendo un espejo ante los de Ruanda y Camboya que no pude molestarme en colocarlo ante mí misma.

El espejo no miente.

Tampoco la Biblia. La Biblia dice con claridad que el mal existe en nuestro mundo; existe en otros, pero también existe en mí y en usted. El mal no está simplemente *allá afuera*, está *aquí* —*en mi corazón*— y produce problemas. La Biblia lo expresa tal como es, exponiendo el mal que está oculto dentro de todos nosotros:

> Pues todos han pecado y están privados de la gloria de Dios.
>
> Romanos 3:23

> Así que descubro esta ley: que cuando quiero hacer el bien,
> me acompaña el mal.
>
> Romanos 7:21

Desean algo y no lo consiguen. Matan y sienten envidia, y no pueden obtener lo que quieren. Riñen y se hacen la guerra. No tienen, porque no piden.

Santiago 4:2

Cada uno es tentado cuando sus propios malos deseos lo arrastran y seducen. Luego, cuando el deseo ha concebido, engendra el pecado; y el pecado, una vez que ha sido consumado, da a luz la muerte.

Santiago 1:14-15

Así es como la Biblia nos describe en esos versículos, como individuos repletos de maquinaciones de maldad, asesinos, llenos de celos, peleas, conflictos, pecadores atrapados y que tropiezan, llenos de una inútil confianza en sí mismos, prisioneros del pecado, seducidos por los malos deseos internos, personas de malas acciones.

Sospecho que usted, como yo, no piensa de sí mismo en esos términos. Esas son palabras que uso para describir las acciones de otros, no las mías. Es más, a lo mejor usted se sintió un poco ofendido porque nos colocara en la misma categoría que gente cruel como Pol Pot, Hitler, Stalin, Jeffrey Dahmer, Hussein o los ciudadanos comunes que se convirtieron en asesinos en Camboya y Ruanda.

En tanto que es cierto que es mucho peor cometer una obra mala que simplemente ser capaz de hacerla, con demasiada facilidad nos consolamos con ese pensamiento. Mientras me ponga yo misma por encima de todos los demás, insistiendo en que *jamás* haría esto o lo otro, entonces puedo disculpar mis propias inclinaciones al mal. La cruda realidad es que, dadas las circunstancias apropiadas, cualquiera de nosotros es capaz de cualquier obra.

El autor Henri Nouwen lo describe de esta manera:

Interesarse quiere decir primero que todo vaciar nuestro propio vaso y permitir que otro se acerque a nosotros. Quiere decir derribar las muchas barreras que nos impiden entrar en comunión con la otra persona. Cuando nos atrevemos a interesarnos, entonces descubrimos que nada humano es extraño para nosotros, sino que todo el odio y el amor, la crueldad y la compasión, el temor y el gozo se pueden hallar en nuestros propios corazones. Cuando nos atrevemos a interesarnos, tenemos que confesar que si otros matan, yo también podría haber matado. Si otros torturan, yo podría haber hecho lo mismo. Si otros sanan, yo también podría haber sanado. Y si otros dan vida, yo podría haber hecho lo mismo. Entonces experimentamos que podemos estar presentes para el soldado que mata, el guardia que fastidia, el joven que juega como si la vida no tuviera fin, y el viejo que dejó de jugar por temor a la muerte.[8]

Las campañas políticas, los esfuerzos filantrópicos, los intereses económicos comunes... todas estas son coaliciones frágiles que se desintegran al más leve reto. Eso no es lo que nos une como seres humanos. La verdad que nos une es esta: somos iguales. Antes de darles a conocer el amor de Dios a los que sufren y padecen, debemos renunciar a nuestras cuidadosamente cultivadas ilusiones en cuanto a la profundidad de nuestro quebrantamiento. Debemos admitir que somos miserables y por completo incapaces de componernos a nosotros mismos. Al reconocer nuestra común depravación y capacidad para el mal, podemos extendernos al hermano o hermana caído con misericordia antes que con odio.

Puedo oírle preguntar: «¿Por qué? ¿Por qué es importante si he encarado el mal que tengo por dentro? ¿Por qué no puedo simplemente empezar a interesarme y servir a otros sin que importe el mal que yace dentro de mí?» Esta es una pregunta de extrema importancia.

Mientras nos rehusemos a mirar de frente el espejo de la Palabra de Dios y captar un retrato exacto de nosotros mismos, en realidad hacemos más daño que bien. Debemos vernos a nosotros mismos no como separados de los demás —mejores, más educados, con más cultura, más sofisticados, más civilizados, menos pecadores, menos malos, menos proclives a la violencia, con menos probabilidad de hacer daño— sino idénticos a ellos en nuestra capacidad para hacer el mal. De otra manera, acabaremos sirviendo a los demás desde una posición de orgullo, felicitándonos a nosotros mismos por nuestros nobles sacrificios en lugar de ponernos al lado de un semejante que tropieza, y ofreciendo no nuestra entereza sino nuestro quebrantamiento.

Algunos tenemos mucha dificultad para reconocer nuestros pecados, debilidades y fracasos. O bien les echamos a otros la culpa de nuestros problemas o minimizamos nuestras acciones para poder vivir con nosotros mismos. Cultivamos maneras diestras de utilizar la negación. Hay algunos que se suben al carro de la confesión y de buena gana admiten el pecado teórico o los pecados que piensan que han dominado. Pero es algo por completo diferente hablar del pecado *real*, los pecados específicos y actuales que hemos cometido y que amenazan con derribarnos hoy.

Derrumbando las barreras

Detesto la negación en otros, pero la detesto más en mí misma. Estoy aprendiendo poco a poco a ser auténtica y vulnerable, pero a menudo tropiezo. Me dejo atrapar en viejos patrones de relaciones, y soy proclive a ser ciega a mi pecado mientras me enfoco en los pecados de Rick o los de alguien a quien estoy tratando de ministrar. Admitir mis propios pecados, fracasos y debilidades persistentes derriba cualquier barrera entre la otra persona y yo.

Cuando era niña, un joven de nuestra iglesia me molestó sexualmente. Mi papá era pastor de una pequeña iglesia bautista y pensábamos que conocíamos a todos. Sin embargo, un adolescente tenía un secreto: molestaba sexualmente a las niñas menores que él. A la larga lo atraparon molestando a las niñas del barrio y lo enviaron a la Autoridad Juvenil de California durante varios años, pero el daño que me hizo perduró hasta la edad adulta. Nunca dije ni una palabra, así que mi padre no tenía ni idea de que este joven me había molestado sexualmente. Debido a que yo era muy niña, no sabía que mi papá había tratado de ayudar a este individuo a restablecerse después de que salió de la AJC. Años después, cuando al final les conté a mis padres sobre el día que había causado tanto quebrantamiento en mi vida, mi papá y mi mamá sufrieron una enorme agonía. El hecho de que mi papá hubiera ayudado sin saberlo al joven que me hizo daño aumentó el dolor que mis padres sufrieron.

El ultraje sexual es un tema complejo con pocas respuestas o explicaciones fáciles, así que todavía sigue siendo un misterio para mí por qué no le dije a nadie del ultraje. Hice lo mejor que pude para bloquearlo en mi mente, pero los efectos del trauma empezaron a afectar mi sexualidad en desarrollo. De forma alternada me sentía fascinada y asqueada por cualquier cosa sexual, y me atraían los libros de referencia sobre el matrimonio que mi papá tenía en su biblioteca. Él tenía un ejemplar del libro *Human Sexual Response* [Respuesta sexual humana] de Master y Johnson, y yo aproveché toda oportunidad para devorar lo que estaba escrito en esas páginas... en secreto, por supuesto.

El daño que se me hizo continuó afectándome al llegar a la adolescencia. Tomé unas cuantas decisiones pésimas de conducta que me hundieron en un ciclo de tentación, actuación y culpabilidad horrible. Cuidar los hijos de los vecinos me dio la oportunidad de volverme adicta a la pornografía que nunca podía ver en casa. Experimentar sexualmente con amigos mayores llegó a ser una parte regular de mi vida por un período.

Mientras tanto, la parte de «niña buena» de mí amaba a Dios apasionadamente y quería que mi vida sirviera para algo. Y mi parte de «niña mala» no sabía cómo romper el ciclo, así que aprendí cómo compartimentarme. Me convencí a mí misma de que en verdad era una jovencita maravillosa, sincera en mi fe y entregada a Jesucristo. Al mismo tiempo, no sabía qué hacer con esta otra persona que estaba dentro de mí que hacía cosas tan vergonzosas. Traté de ignorarla, y luego empecé a aborrecerla. Nunca se me ocurrió que el ultraje sexual a una tierna edad tenía algo que ver con mi enfoque confuso y aterrador de la sexualidad.

Tal vez usted pueda imaginar lo que esta compartimentación y negación le hizo a mi salud emocional y espiritual. Para cuando Rick y yo nos comprometimos, era un caos total. Recuerdo que una noche le dije de forma casual que me habían molestado sexualmente, pero yo estaba por completo libre de emociones y ni siquiera derramé una lágrima. Por desdicha, no me sentía lo suficiente segura entonces para también decirle cómo eso me acosaba.

Cuando Rick se casó conmigo, él desconocía el conflicto que hervía muy dentro de mi alma debido al fracaso repetido, la culpa y la vergüenza. Tuvimos un cortejo inusual (¡un tema para otro libro!) y nos casamos sin conocernos bien el uno al otro. Éramos prácticamente unos extraños. Nuestra luna de miel fue un desastre, y volvimos de un viaje de dos semanas sintiéndonos devastados y con el corazón destrozado. Rick era pastor juvenil en una iglesia creciente… ¿a quién podríamos decírselo? Nos sentíamos muy solos. Estaba convencida de que nuestro secreto fracaso conyugal era demasiado bochornoso incluso para contárselo a alguien. Pretendimos que todo marchaba bien, pero mes tras mes nuestro matrimonio se abalanzaba hacia un abismo negro. Estábamos enojados el uno con el otro, frustrados, avergonzados y con miedo a la intimidad. Lamentábamos la pérdida del sueño atesorado de un matrimonio feliz. Con el tiempo hemos cultivado un matrimonio fuerte, estable y saludable, pero requirió una enorme cantidad de sangre, sudor y lágrimas, junto con una excelente asesoría matrimonial cristiana.

¿Por qué digo todo esto? Porque reconocer los secretos —no solo los pecados secretos que me han hecho *a mí* sino los pecados secretos que *yo* he hecho— me permite identificarme con otros que han caído en las mismas trampas.

Rara vez estoy consciente de lo santurrona y criticona que soy, aunque mi familia y amigos íntimos me lo han señalado con el correr de los años.

Siempre siento una punzada cuando lo mencionan, y por lo general doy algunos pasos elegantes de danza para esquivar la acusación si es posible.

No obstante, cuando admito que a veces me lleno de cólera y furia, entonces puedo con más facilidad ministrarle a un hombre o una mujer que es culpable de llevar esa cólera un paso más adelante. Cuando reconozco el hecho de que he tenido pensamientos lujuriosos embarazosamente vergonzosos relacionados con alguien inapropiado, puedo con más facilidad ministrarle a un hombre o una mujer culpable de expresar su lujuria secreta. Cuando acepto que a veces quiero más de lo que es mío por derecho, puedo con más facilidad ministrarle a una persona que ha robado y la han atrapado. Incluso más poderoso, cuando confieso que no solo he pensado el mal sino que he participado en el mismo, se construyen puentes entre dos individuos que en realidad no son muy diferentes después de todo. De repente, ambos sabemos por qué necesitamos un Salvador.

Conocido hasta lo más profundo de su ser

Hace unos pocos años, mientras luchaba con lo hondo del mal que veía dentro de mí, intenté aprender de memoria el Salmo 103. Al meditar en el primer versículo: «Alaba, alma mía, al Señor; alabe todo mi ser su santo nombre», me intrigó la frase «todo mi ser». ¿Qué quiere decir alabar a Dios con todo mi ser? ¿Qué significa lo más íntimo de mi ser?

Enterradas muy hondo en las Montañas Guadalupe, en el sureste del estado de Nuevo México, están las Cavernas Carlsbad. Desde afuera, nunca sospecharíamos que las cuevas subterráneas llenen la tierra debajo de nuestros pies, con una de ellas siendo tan honda que se llama «Abismo sin fondo». He llegado a creer que yo me parezco a las Cavernas Carlsbad. Por medio de una conversación casual conmigo, usted probablemente no sabría que dentro de mí hay cuevas subterráneas, capas y capas y capas de quién soy. Dios, en su asombroso amor y misericordia, entra en esas cuevas de mi ser más íntimo, penetrando hasta la parte más profunda de mí, a donde ningún otro ser humano puede entrar, hasta un lugar que nadie más jamás conocerá. Dios penetra en ese lugar en donde no hay excusas, ni pretensiones, ni máscaras, ni escondrijos. *Allí* no puedo pretender ser otra cosa que lo que en realidad soy y lo que no soy. *Allí* él ve por entero la depravación de mi corazón de una manera que usted jamás verá.

Mientras veía la obra teatral *El fantasma de la ópera*, me llamó la atención las muchas maneras en que todos somos como el trágico personaje del fantasma en nuestros intentos de esconder y negar nuestro propio quebrantamiento. El fantasma es una ruina retorcida de un hombre, horriblemente desfigurado y completamente solo, rechazado incluso por la madre que lo trajo al mundo. Vive en unas cuevas oscuras y húmedas debajo de la Casa de la Ópera de París, y en secreto observa lo que tiene lugar en la compañía musical. Su alma suspira por una compañera, alguien que le conozca, que le acepte con toda su cara arruinada y su alma retorcida. Con el tiempo, se enamora de una de las hermosas cantantes, Cristina, y hace planes para poder llevarla a las cuevas subterráneas. Aunque hay un riesgo extremadamente alto de sufrir más rechazo, su anhelo de una relación personal y una conexión con otro ser humano finalmente vence su temor, y la seduce para llevarla a su casa oculta. Los instintos de ella la alertan de la posibilidad de que hallará algo aterrador allí, así que con gran temor lo sigue, descendiendo cada vez más a la espesa penumbra. Sus temores están bien fundados. Una vez que está muy dentro de la cueva, ella se siente presa del terror y la repulsión cuando el fantasma le revela cuán quebrantado y herido está en realidad. Y en un escape lleno de pánico, la joven abandona al fantasma. Los lastimeros sonidos de la voz de él llamándola por su nombre, suplicándole que no lo deje solo en su desdicha, acompañan la huida de ella volviendo a la seguridad.

Dios es *el único* que puede entrar muy adentro en las cuevas de su ser más íntimo y no sentirse aterrado y lleno de repulsión por lo que ve. Él era el único que sabía todo el tiempo cuán herida y destrozada estaba yo por dentro. Era el único que podía encontrarme allí con su perdón, misericordia y sanidad. Dios veía toda la basura —las conductas y los pensamientos vergonzosos, la culpa y la vergüenza secretas— que me estaba destrozando. Incluso ahora me sentiría tentada a ponerme una bolsa sobre la cabeza y esconderme si otros supieran en realidad lo profundo de la fealdad que tengo por dentro. No sé si podría mirar a otra persona a los ojos. Sin embargo, Dios en su misericordia gigantesca, casi insondable, miró muy dentro de mí y dijo: «Te amo, Kay. Lo sé todo, y aun así te amo». Él le dice lo mismo a usted.

«Lo sé *todo*, y aun así te amo».

Debido a que Dios le conoce al nivel más hondo —en donde se revelan sus pensamientos más sucios y sus obras más reprensibles— y a que se le ha ofrecido perdón y liberación por medio de nuestro Salvador Jesucristo, usted puede avanzar de modo auténtico hacia un conocimiento maduro de que no es diferente a la persona que está a su lado. Usted necesita a Jesús. Yo también. *Todo ser humano* lo necesita.

Y esta verdad lo cambia todo.

Ahora vemos por qué Dios nos instruye a mirar en el espejo de su Palabra, porque lo que vemos allí nos mantiene humildes (véase Santiago 1:22-25). Debemos permitir que la Biblia nos «juzgue»; que destaque nuestros defectos, nuestros pecados, nuestros fracasos, para que podamos confesarlos y recibir perdón. Una vez que hemos permitido que Dios nos «juzgue», estamos más listos para «juzgar» el mal de nuestro mundo. Si ese concepto hace que suene una alarma en su cabeza, escuche lo que Jesús dijo en el Evangelio de Mateo:

> «No juzguen a nadie, para que nadie los juzgue a ustedes. Porque tal como juzguen se les juzgará, y con la medida que midan a otros, se les medirá a ustedes.
> »¿Por qué te fijas en la astilla que tiene tu hermano en el ojo, y no le das importancia a la viga que está en el tuyo? ¿Cómo puedes decirle a tu hermano: "Déjame sacarte la astilla del ojo", cuando ahí tienes una viga en el tuyo? ¡Hipócrita!, saca primero la viga de tu propio ojo, y entonces verás con claridad para sacar la astilla del ojo de tu hermano».
>
> Mateo 7:1-5

A menudo se entienden y se aplican mal las palabras de Jesús aquí. Son incontables las veces que he oído a individuos repetir la frase: «No juzgues, para que no te juzguen» a fin de huir de su propia mala conducta o detener a alguien que está tratando de luchar contra el mal. Jesús no está diciendo que sea un error juzgar a otros, es evidente que nuestra conducta a menudo merece que se la juzgue. Lo que está diciendo, sin embargo, merece una atención cuidadosa. La norma nueva y más alta que él instituye es esta: *el mismo criterio que use para evaluar a otro se usará para evaluarlo a usted;* por consiguiente, tenga cuidado de con cuánta rigurosidad señala con el dedo a otro ser humano que lucha a menos que quiera que el mismo dedo lo señale a usted de vuelta. Demasiado a menudo cuando se descubre mi pecado suplico a Dios misericordia y lenidad; pero cuando se descubre el pecado suyo, quiero que Dios le aplique a usted todo el rigor de la ley.

Pero ya no más. Como Henri Nouwen sugiere, una mirada verdadera al espejo conducirá a algo muy diferente: «Por el reconocimiento y confesión honestos de nuestra semejanza humana podemos participar en el cuidado de Dios que vino, no a los poderosos sino a los impotentes, no para ser diferente sino igual, no para quitarnos nuestro dolor sino para compartirlo en él. A través de esta participación podemos abrir nuestros corazones unos a otros y formar una nueva comunidad».[9]

Usted puede empezar a ofrecerles a otros lo que ha recibido de Dios: perdón, gracia, misericordia, aceptación, segundas oportunidades, nuevos comienzos, «una corona en vez de cenizas» (Isaías 61:3). Ya no tiene que vivir negando lo que ha hecho o lo que le tienta ahora. No tiene que pretender que es mejor que los demás y que nunca haría lo que otro ha hecho. Usted es libre, liberado para ser un pecador perdonado que puede perdonar y aceptar a otros. Ahora tiene algo que vale la pena compartir. En lugar de tratar de arreglar a alguien —como si tuviera las respuestas perfectas para toda situación porque usted es perfecto— permita que se forme una conexión. Todos compartimos nuestra humanidad y la necesidad mutua de salvación del mal.

¿Está listo para empezar a hacer retroceder a la oscuridad en su propia vida, su casa, su barrio, su ciudad, su estado, su patria y su mundo? ¿Qué requerirá esto? Personas entregadas peligrosamente que sean lo suficiente sinceras y valientes como para levantar el espejo de la Palabra de Dios ante sí mismas y examinar de modo implacable sus propios motivos y acciones. Dios está buscando personas que confiesen su pecado personal, acepten su perdón misericordioso, y luego con humildad pero con intrepidez salgan a la batalla contra el mal. Cuando usted y yo ministramos a los seres humanos caídos semejantes con una comprensión realista de nuestra propia capacidad para tropezar, llevamos no solo verdad y justicia sino también sanidad y la posibilidad de una redención compasiva.

Entrega

¿Renunciará usted a su negación con relación a la depravación de su alma y su capacidad de hacer un mal indescriptible?

Padre, tú eres un Dios que detesta el mal donde quiera que se halle. Estoy muy agradecido porque también eres un Dios al que le encanta actuar con gracia. Perdóname por negar y excusar mi capacidad para el mal y la maldad. Hoy he tenido un atisbo de mí mismo, y no me gusta lo que veo. Confieso que he clamado por justicia cuando he visto el pecado en otros, pero he suplicado misericordia cuando han sido revelados mis propios pecados. Por favor, muéstrame tu gracia. Estoy asombrado de que tú ves todo lo que hay en mí, mi ser más íntimo, y aun así me amaste lo suficiente para enviar un Salvador. Gracias por tu bondad hacia mí. La manera en que me perdonas, limpias mis desórdenes, y reparas mis lugares rotos una y otra vez me hace sentir muy humilde. Haz que esté dispuesto a darles a mis semejantes pecadores la gracia que tú me has dado.

Para empezar

- Dedique unos pocos minutos para orar y preguntarle a Dios: «¿Qué aspectos oscuros de mi vida todavía están escondidos en cavernas?» Si tiene un compañero de lectura y usted se siente animado a hablarle de estas reflexiones, hágalo así en la próxima oportunidad.
- Piense en lo que Dios, en su inmutable misericordia y gracia, le diría en cuanto a estos aspectos. Anote las palabras como si estuvieran viniendo directamente de Dios y léalas en voz alta para sí mismo.
- Oiga el mensaje de Kay «Overflowing Grace» [Gracia desbordante], en www.kaywarren.com.

CAPÍTULO 7

El don de la presencia

«La virgen concebirá y dará a luz un hijo, y lo llamarán Emanuel»
(que significa «Dios con nosotros»).

Mateo 1:23

La compasión, estar con los otros cuando y donde sufren y estar dispuestos
a establecer una comunión con el débil, es el camino de Dios a la justicia y la
paz entre los seres humanos.

Henri Nouwen, *Here and Now*

CUANDO PIENSO EN LOS HÉROES —INDIVIDUOS QUE PERSONIFICAN UNA ENTREGA peligrosa— pienso en la Madre Teresa. Para mí, ella representa tal vez más que cualquier otra persona del siglo veinte una vida entregada a Dios. Desde temprana edad decidió permitir que Dios usara sus dones, talentos y pasiones para su reino, y lo que él hizo por medio de esta diminuta mujer es asombroso.

Debido a mi admiración por su servicio altruista a los «más pequeños», decidí visitar su Hogar para los Moribundos (Kalighat) en Calcuta, India, en octubre del 2004. No muchos han pasado un tiempo en alguno de los hogares de las Misioneras de la Caridad por el mundo, en especial los que no son católicos, así que pensé que yo estaba haciendo algo bastante hermoso. Me sentía noble, incluso virtuosa, por lo que estaba a punto de hacer.

Hay dos turnos de voluntarias al día en Kalighat, y mis amigas y yo escogimos el turno de la mañana. A las voluntarias se les exige que asistan a la misa con las monjas antes de empezar el día de trabajo. Nos arrodillamos en el duro piso de madera de la Casa Madre y oramos, cantamos y escuchamos la homilía del día junto a las monjas vestidas con sus saris de algodón blanco. Después de tomar té y comer pan, nos dirigimos a Kalighat. Otra vez me encontraba por completo sin preparación para la experiencia.

Las religiosas estaban atareadas en extremo atendiendo a los hombres y mujeres a su cuidado —cincuenta en el lado de los hombres y cincuenta en el lado de las mujeres— y no tenían tiempo para una charla alegre con las nuevas voluntarias. Cuando le pregunté a una monja que pasaba apurada por donde yo estaba qué debía hacer, casi ni me miró y dijo: «Haz lo que ves que otras hacen». No sé si esperaba que se detuviera, me mirara a los ojos y me colmara de palabras de elogio por presentarme esa mañana, ¡pero por cierto esa no era la recepción que yo esperaba! Noté que otras voluntarias tomaban guantes y mascarillas quirúrgicas de un balde de metal, pero para cuando llegué al balde, la única mascarilla que quedaba era de tamaño extragrande, inútil para mí. ¿Guantes? Ninguno que yo pudiera hallar. Mis amigos, Mary, Judy, Cisco, Steve y yo nos quedamos mirándonos unos a otros, y encogiendo los hombros con resignación nos dedicamos a servir a los moribundos y moribundas en Kalighat.

Steve y Cisco se dirigieron al lado de los hombres, en tanto que Mary, Judy y yo pasamos por la puerta de las mujeres. Cincuenta catres pequeños estaban dispuestos en hileras, y todo un torbellino de actividad tenía lugar mientras voluntarias, monjas, y pacientes se mezclaban entre sí. Rápidamente descubrí que existía un procedimiento: a las mujeres se les daba el desayuno, se las bañaba y se les ponía ropa limpia, se cambiaban las sábanas de sus camas, se les daba remedios sencillos, y luego ellas se sentaban en sus catres o se dormían.

Nos unimos a la brigada de voluntarias. Algunas de ellas venían por semanas o meses a la vez, así que había unas pocas veteranas que se compadecieron de nuestra ignorancia y nos dieron tareas específicas para que hiciéramos: «Dale la comida a esa mujer allí. Ten cuidado; le da náuseas con facilidad y vomita». «Ven, ayúdame a llevar a esta mujer al baño. Casi ni puede caminar sola». «No, lo lamento; no hay agua caliente para que te laves las manos. Simplemente usa esa llave y sécate las manos en los pantalones». «¿Remedios? Pues bien, alguien regaló aspirinas y una pomada para los hongos. Las religiosas están repartiendo estas cosas ahora». «¿Que qué anda mal en esta mujer? Tiene gusanos en la herida de la cabeza, y esa llaga horrorosamente abierta en realidad está sanando». «Limpia esa cama; no, ya no hay más guantes. Consigue algo de desinfectante en la cocina y ponlo en ese balde de agua fría. Búscate un trapo para limpiar la diarrea de ese colchón». «En realidad deberías ponerte una mascarilla; estoy segura de que esa mujer que estás manteniendo tan de cerca a tu cara tal vez tiene tuberculosis».

A la media hora de haber llegado mi noción romántica de «servir a los pobres» se había evaporado ante la pestilencia de la diarrea y el desinfectante, así como debido a los gritos de dolor de un hombre mientras le sacaban los gusanos de sus heridas. La vista de las lesiones me enfermaba, y la quietud de una mujer que pasó de esta vida a la siguiente me sacudió. «¡Qué necia soy!», pensé para mis adentros. «¿Por qué quise venir a este horrible lugar? ¿Cuándo se acaba mi turno? No puedo esperar a largarme de aquí. Ya no aguanto más esto». Estaba hecha un desastre.

Amor que trasciende el idioma

Por fin se acabó la rutina de la mañana. A las mujeres se les había dado de comer, bañado y vestido con ropas de algodón. Sus camas tenían sábanas limpias. Algunas habían recibido remedios sencillos, y ahora esperábamos… esperábamos que se murieran. Eso es lo que se hace en un hogar para moribundos.

Me retiré a un rincón tranquilo para poner en orden mis emociones, las cuales estaban bien perturbadas, y permitir que mi estómago se calmara de las visiones, sonidos y olores. Una monja alerta me vio escondiéndome y me llamó para que empezara a doblar periódicos regalados y los convirtiera en bolsas improvisadas para envolver los vendajes sucios. Soy más que torpe en proyectos de arte, y doblar el periódico de la forma precisa en que la monja con precipitación demostró era más difícil de lo que parecía. Me sentí aliviada de que todavía pudiera ser útil sin interactuar más con las mujeres.

Pero entonces la vi.

Mientras mis ojos erraban al descuido, se tropezaron con los de una mujer que estaba sentada sola en un catre al otro lado de salón. En silencio me reproché por hacer contacto visual… ¿no me había ganado ya los galones de «persona encantadora» esa mañana? Sentí como si todos mis sentidos estuvieran sobrecargados y ya no pudiera soportar otro encuentro perturbador más. Sin embargo, ella me llamó con ademanes de urgencia para que me acercara. Me levanté a regañadientes y caminé con lentitud hasta el lugar donde ella estaba, donde luego la mujer me hizo sentar en el catre a su lado.

Al instante las lágrimas corrieron por su cara, mientras que empezaba a dejar salir un torrente de palabras en bengalí. Mi primer pensamiento fue: «No tengo absolutamente la menor idea de lo que está diciendo», pero entonces, en un momento de claridad, ¡supe *exactamente* lo que me estaba diciendo! Esta mujer estaba contándome la historia de su vida. Me contaba en las palabras más vívidas que pudo hallar cómo acabó enferma, sola, y muriéndose en Kalighat. Lamentó que sus familiares fueran demasiado pobres para cuidarla en su enfermedad o que no les importara, o tal vez había perdido a su familia mucho tiempo atrás. Estoy segura de que me contó de las esperanzas y sueños de su vida, destrozadas por las circunstancias y las desilusiones. Su aflicción crecía minuto tras minuto, y su cuerpo temblaba por la emoción. Nos quedamos sentadas lado a lado en su diminuto catre… una mujer de la India que se acercaba a la muerte y una mujer estadounidense que no sabía cómo ayudar.

De repente me sentí llena de compasión por ella, mi hermana.

Puse mis brazos sobre sus hombros y la apreté con fuerza contra mí de modo que nuestras caras quedaron a pocos centímetros. Mientras ella hablaba en bengalí, yo hablaba en inglés, creyendo que el Dios que la había creado podía ayudarle a entender, si no mis palabras, el amor con que yo las decía. «¡Lamento tanto tu dolor! Lamento que estés aquí, sola y muriéndote en este lugar. Lamento mucho que tu familia no esté aquí contigo, que te hayan abandonado para que enfrentes sola estos últimos días. ¡Pero no estás sola! ¡Dios está contigo! A él le importas, y me importas a mí. Mis brazos que te abrazan son los brazos de él; y mientras limpio tus lágrimas con mis dedos, estos son los dedos *de él;* cuando yo toco tu cara, entiende que son *sus* manos llenas de amor recordándote que eres preciosa para él. Dios te ama tanto que envió a su Hijo, Jesús, para que puedas pasar la eternidad a su lado. Y me ha enviado a mí hasta ti para que te abrace y te diga una vez más lo especial que eres para él».

Yo no podía asegurarle que ella dejaría el Hogar para Moribundos y recuperaría la plena salud. No podía garantizarle que su familia estaría fuera, esperándola con alegría para que volviera a casa con ellos. No podía prometerle que habría remedios adecuados para el dolor y que así su muerte sería más fácil y cómoda. Ofrecí lo único que tenía en mi poder para ofrecer: mi presencia, yo misma. Le ofrecí el don que toda persona puede dar —el don que cuesta más que nuestro dinero, incluso más que nuestra energía y tiempo— nuestra mismísima presencia.

Contenedores de Dios

La mayoría de nosotros somos «adictos al arreglo». Vemos una necesidad y nuestra primera respuesta es: «¡Arréglalo!» Yo siempre tengo que *hacer* algo. Denme una cerca que reparar, una casa que pintar, un pozo que excavar, una lección que enseñar, un remedio que dispensar. ¡Simplemente denme algo activo para hacer! Nosotros en occidente tal vez somos más proclives a esta respuesta que otros. Nuestra notoria autosuficiencia interviene, y nos precipitamos a resolver, a mejorar, a curar. No hay nada inherentemente malo en tratar de arreglar las cosas, pero *no* debe ser nuestra primera respuesta. Más bien, debemos seguir el modelo que se nos dio cuando Dios vio nuestra profunda necesidad de salvación.

Dios sabía que necesitábamos un Salvador para que restaurara la relación personal arruinada entre la humanidad y él. Puso la historia en movimiento para a su debido tiempo enviar a Jesús y que estuviera con nosotros. Ofreció no solo un plan como estrategia, sino una persona. No envió un ángel; vino él mismo:

> Así se convirtió en el Salvador
> de todas sus angustias.
> Él mismo los salvó;
> no envió un emisario ni un ángel.
>
> Isaías 63:8-9

> Y el Verbo se hizo hombre y habitó entre nosotros.
>
> Juan 1:14

Por todo el Antiguo Testamento Dios repetidas veces les recordó a sus hijos que él estaba con ellos. No debían temerle a nada, porque él estaba allí. No obstante, ellos no lo entendieron. ¿Cómo nos relacionamos con un Dios al que no se puede ver, tocar, ni oír? Dios envió a Jesús para que podamos saber cómo es él:

> Él es la imagen del Dios invisible.
>
> Colosenses 1:15

> El Hijo es el resplandor de la gloria de Dios, la fiel imagen de
> lo que él es.
>
> Hebreos 1:3

De todos los dones que Dios podía darnos, nos dio el mayor: se dio a sí mismo a nosotros. Ahora él espera que nosotros hagamos lo mismo por los demás. Como seguidores de Jesús, usted y yo somos los contenedores de Dios. Lo atesoramos dentro de las frágiles vasijas de barro que son nuestros cuerpos. Así es como el apóstol Pablo describe la luz de Dios en nosotros:

> Porque Dios, que ordenó que la luz resplandeciera en las tinieblas, hizo brillar su luz en nuestro corazón para que conociéramos la gloria de Dios que resplandece en el rostro de Cristo.
> Pero tenemos este tesoro en vasijas de barro para que se vea que tan sublime poder viene de Dios y no de nosotros.
>
> 2 Corintios 4:6-7

Recibir a Jesucristo como Salvador y Señor quiere decir que él viene a vivir en mí. Así que no ofrezco una nueva y mejorada «yo»; lo ofrezco *a él*. Cuando entro en un salón o me inmiscuyo en alguna situación, lo llevo a él conmigo porque vive en mí. No me llevo simplemente a mí misma, ¡llevo al Dios del universo! En mí misma y por mí misma no tengo mucho que ofrecerle a otra persona, pero cuando llevo a Dios, llevo al que ellos más necesitan. La mujer bengalí en Kalighat necesitaba tener al Dios invisible hecho visible para ella.

¿Cómo se hizo Dios visible para ella? Ninguna luz cegadora inundó el cuarto, no se escuchó ninguna trompeta que rompiera los oídos, ninguna voz atronadora apagó todos los demás sonidos. Sin embargo, al sostenerla en mis brazos, limpiando las lágrimas de su cara, mirando profundamente a sus ojos, llorando con ella y hablándole del inquebrantable amor que Jesús le tenía, él se hizo real y visible. Permití que Jesús se hiciera real ante ella al ser sus manos y pies, al actuar de la manera en que él actúa, al amar de la forma en que él ama, al mostrar misericordia y compasión, al dar lo mejor que tenía: Jesucristo en mí.

En el éxodo Dios estaba *con* los israelitas, con su presencia representada por la columna de fuego y la nube que los condujo por el desierto de Sinaí. No obstante, cuando el momento fue apropiado, Dios vino a la tierra en forma humana para estar presente con nosotros. Envió a Jesús a estar *con nosotros* de una manera completamente nueva. Jesús se reía por las travesuras de los niños, lloró ante la tumba de un amigo querido, se inclinó para tocar a un leproso, con gentileza disciplinó a una mujer proscrita, y ofreció su sangre y su vida por nuestros pecados. Dios con una «piel» sobre él convirtió la verdad en algo personal e íntimo. Ahora creemos cuando Jesús dice que Dios nos ama. La vida de Jesús fue una explicación de Dios. Para los que somos seguidores de Cristo, esa es también nuestra tarea primordial: hacer al Dios invisible visible ante un mundo que todavía no lo reconoce. Tenemos la oportunidad de *estar con* otra persona en su necesidad, «explicando» de este modo a Dios. Debemos vivir de modo encarnacional: Dios con nosotros, Dios en nosotros. Hacerlo así es la esencia de poner en práctica la fe.

Una vez que entendí este concepto sencillo pero profundo de la «presencia», empecé a apreciar que toda interacción con otra persona es una posibilidad de tratar a los demás de la manera en que Jesús los trató. Es una oportunidad de hacer visible al Dios invisible.

Tocando a los intocables

En octubre del año 2004, también viajé a las Filipinas por primera vez, y pedí visitar un leprocomio. ¿Por qué me iba a interesar la lepra? ¡Pues bien, por un lado, Jesús se interesó por los leprosos! En segundo lugar, la vida de un leproso se parece en gran medida a la vida de una persona diagnosticada con el VIH por la manera en que la lepra afecta a la persona física, emocional y socialmente. Desde el punto de vista físico, la lepra y el VIH atacan al cuerpo de maneras ampliamente diferentes, pero ambos diezman y destruyen. La lepra es una enfermedad cruel, la cual deja a los infectados con un daño permanente en los nervios. Ellos pierden la sensación en la parte afectada del cuerpo, haciendo fácil que se lastimen y ni siquiera lo sepan. Las quemaduras, los rasguños, las laceraciones, los cortes e incluso las roturas de huesos ocurren sin ninguna sensación de dolor. La primera señal de que algo anda mal a menudo es la gangrena, resultando en que los dedos de las manos y los pies, o la nariz de una persona, se caigan. Las lesiones sanan mal, o no sanan. Las cicatrices aparecen cuando las heridas sin atención sanan de maneras anormales.

Como ha sido cierto durante miles de años, a los leprosos todavía se les estigmatiza y aísla socialmente, haciéndoseles vivir aparte de sus familias y amigos. Muchas veces viven en campamentos fuera de la población, esperando morirse. Los afortunados son enviados a un leprocomio para recibir tratamiento. De la misma manera, las personas VIH positivas con frecuencia experimentan el estigma social, el rechazo, el abuso e incluso la persecución, lo cual los deja con sentimientos de aborrecimiento propio y vergüenza. En algunas culturas no es raro que los esposos golpeen a sus esposas después que se enteran del diagnóstico. Los vecinos se niegan a permitir que sus hijos jueguen con los hijos de una familia en la cual alguien es VIH positivo. Las personas con SIDA pueden perder sus trabajos si se conoce su condición. A muchos se les ha pedido que abandonen su iglesia.

En el leprocomio de Manila, la primera sala que visitamos estaba llena de hombres. Por hábito, estiré la mano para saludar a un hombre pequeño y flaco que estaba en la cama más cercana a la puerta. Él levantó con lentitud su brazo en respuesta, y en una fracción de segundo me di cuenta de que no tenía dedos: una mano desprovista de todo excepto un muñón se estiraba hacia mí. Me avergüenza admitir que tuve una reacción instantánea y luché contra el impulso de retirar mi mano. Así que mantuve una conversación conmigo misma en milisegundos: «¡No lo toques! ¡Eso es grotesco! Está bien, es grotesco, pero no es tan malo; simplemente no estás acostumbrada a ver cuerpos deformados. Adelante, estrecha su mano». Superé mi repulsión inicial y lo saludé con efusividad.

Mi intérprete y yo fuimos de cama en cama, saludando a los residentes y hablando con ellos. Aprendí que todos se habían curado de la lepra, pero debido a las deformidades dejadas por la enfermedad, no se les recibía en sus poblaciones. Algunos había vivido en el leprocomio veinte años, y esa era su casa… nunca volverían a sus familias o poblaciones. A muchos les faltaban los dientes, por lo que sus rostros estaban hundidos en el lugar donde estos solían estar; a la mayoría le faltaban dedos de las manos y los pies, narices, orejas, brazos; tenían cicatrices y espaldas encorvadas. Le preguntamos a cada uno cómo podíamos orar por ellos y luego sostuvimos los muñones de sus manos en las nuestras mientras le pedíamos a Dios que supliera sus necesidades.

Después de un tiempo, un grupo pequeño de mujeres ancianas llamó a la intérprete y le preguntó por qué estábamos visitándoles. Una mujer diminuta, con pelo blanco, fue la portavoz de todas ellas. No podía creer que hubiéramos ido, en especial al saber que éramos estadounidenses. Luchó por articular sus pensamientos: «¿Por qué vinieron acá? ¿Por qué nos tocan? ¿No saben que somos personas repulsivas?» Me hizo recordar a los leprosos de los tiempos bíblicos que cargaban con la vergüenza de una enfermedad aterradoramente contagiosa, la cual les exigía que alertaran a todo el que estaba cerca en cuanto a su situación de «inmundo». Esta mujer pensaba que ella y sus amigas eran inmundas.

Se me partió el corazón, y les dije algunas de las palabras más poderosas y sanadoras que jamás se puedan decir a otro ser humano: «¡No son repulsivas! Ustedes le importan a Dios, y nos importan a nosotros». Ella no quería creerlo. ¿Por qué nos íbamos a ensuciar al estar con ellas, las proscritas? ¿Por qué nos íbamos a molestar con estas mujeres a quienes otros ignoraban y rechazaban? Yo continué: «Dios no las ha olvidado, ¡él nos ha mandado a nosotros hoy para recordarles cuánto las ama!» Ella sonrió, sin aprobar mucho mis palabras, pero aceptando los abrazos que les dimos. Francamente, yo había empezado el día sintiendo que estas personas *eran* repulsivas —mi primera reacción reveló mis verdaderos sentimientos— pero Dios me dio la oportunidad, mediante el sencillo acto de un toque, de manifestar su profundo amor por ellas como seres humanos de gran valía.

Tocar a los enfermos, los débiles, los que sufren dolor, los que tienen cicatrices, amputaciones o deformaciones —aquellos cuyos cuerpos o mentes distan mucho de estar intactos— valida su humanidad. Cuando estamos dispuestos a avanzar más allá de cualquier temor, repulsión o incomodidad que podamos sentir a la vista de su imperfección, hacemos la presencia de Dios real en este mundo; hacemos visible para ellos al Dios invisible. Como el apóstol Juan declara: «Te comportas fielmente en todo lo que haces por los hermanos, aunque no los conozcas» (3 Juan 5).

Volví al mismo leprocomio dos años después para visitar a los amigos que habíamos hecho, y en esta ocasión llevé algunas revistas, golosinas y loción para la sequedad de la piel. Al encontrarnos con el director, le dijimos lo que habíamos llevado, y su respuesta me conmovió. «Gracias por traer regalos», dijo. «Los residentes los apreciarán. Pero el mayor regalo que ustedes pueden darles es *su presencia*». Él puso en palabras la verdad que yo había llegado a creer, pero fue una asombrosa confirmación oír a un hombre que vivía con personas solitarias todos los días expresar esto con palabras tan claras como el cristal.

Ofrézcase usted mismo

Mientras atravesaba el cáncer de seno, hallé el más grande consuelo no en los versículos bíblicos que la gente me mandaba, o en las fantásticas comidas que me preparaban con cariño los miembros de la iglesia, o en los libros sobre cómo vivir con el cáncer. Lo que más me consoló fue la *presencia* de familiares y amigos que estaban dispuestos a sentarse a mi lado, a veces sin decir media palabra. Ellos trajeron a mi sufrimiento el consuelo sobrenatural del Espíritu Santo simplemente *estando conmigo*.

Durante mis hospitalizaciones para la quimioterapia encontré que la conversación era intolerable la mayor parte del tiempo. Todos mis sentidos se habían agudizado de maneras desagradables. Los olores eran nauseabundos, las luces eran demasiado brillantes, los sonidos se amplificaban y retumbaban en la cabeza, las sábanas de algodón eran ásperas y desiguales. Tenía reacciones antagónicas: deseaba simplemente estar sola en mi desdicha, y sin embargo no quería permanecer en soledad. Rick se sentaba durante horas junto a mi cama, sin decir una palabra. A veces leía, a veces trabajaba en su computadora, a veces tomaba una siesta… pero siempre estaba ahí. En la más dulce muestra de su disposición a estar conmigo, escogió no predicar en ninguno de los trece cultos de Nochebuena ese año para poder quedarse en casa a mi lado. Si usted no es predicador, tal vez no vea por qué esta decisión es algo tan grande, pero él vive para la Nochebuena y la Pascua. ¡En esas ocasiones es cuando toda la gente que está buscando a Jesús se aparece! El que estuviera dispuesto a renunciar de forma voluntaria y gustosa a predicar durante uno de sus momentos favoritos del año era el sacrificio supremo. Lo amé por escogerme a mí por encima de su ministerio. Él tomó la decisión de estar *conmigo*.

Job fue un hombre cuyo sufrimiento fue intenso. En poco tiempo perdió a sus hijos, su salud y su riqueza. Su esposa amargada no le consoló; más bien le instaba: «¡Maldice a Dios y muérete!» (Job 2:9). El consuelo llegó cuando tres de sus amigos se asomaron «y durante siete días y siete noches se sentaron en el suelo para hacerle compañía. Ninguno de ellos se atrevía a decirle nada, pues veían cuán grande era su sufrimiento» (Job 2:13).

Los amigos de Job hicieron lo debido. Cuando vieron la enormidad del sufrimiento y la tristeza que había abrumado a su amigo, no trataron de decirle palabras de consuelo. Simplemente se sentaron a su lado en silencio; estuvieron *con él*. Su presencia en el suelo junto a Job hablaba con más elocuencia de consuelo, amor, bondad y compasión que todas las palabras de ellos reunidas. Es más, cuando abrieron la boca, ¡lo arruinaron todo! Empezaron a analizar las razones por las que Job estaba sufriendo, especulando que él estaba aferrándose a pecados secretos y no confesados. La falta de compasión de parte de sus compañeros solo aumentó su sufrimiento. La presencia silenciosa de ellos le trajo paz; la cacofonía de sus discursos le trajo dolor.

Al ir leyendo este libro tal vez se sienta desalentado por la enormidad del mal y la vastedad del sufrimiento de otros, o tal vez se sienta deprimido por su falta de poder para cambiar las cosas. Permítame darle una buena noticia: para determinar una diferencia, usted no tiene que poseer una estrategia grandiosa para eliminar la pobreza, el VIH y el SIDA, el analfabetismo, la injusticia, la codicia y el sufrimiento. Si usted cree en Jesucristo, ya tiene dentro de sí lo que necesita para brindar alivio, esperanza y consuelo a toda persona que encuentre. Usted tiene a Cristo dentro, y cuando se ofrece a sí mismo, lo está ofreciendo *a él*.

Quizás esté pensando: «Yo no soy la Madre Teresa; no soy una persona santa». De forma contraria a la opinión popular, no pienso que ella fuera una santa, si es que «santa» quiere decir alguien de una clase diferente al resto de nosotros. Si no hay monstruos, entonces tampoco hay santos. Todos tenemos la misma capacidad para el mal y la bondad que cualquier otra persona. Cuando permitimos que el mal nos controle, hacemos cosas monstruosas y vergonzosas. Cuando permitimos que el Espíritu de Dios nos controle, podemos amar hasta el sacrificio de maneras que parecen más allá de nuestra capacidad para hacerlo.

Henri Nouwen hace esta observación sabia: «Todo ser humano tiene el don grandioso, y sin embargo a menudo desconocido, de interesarse, ser compasivo, estar presente para el otro, escuchar, oír y recibir. Si ese don se pusiera en libertad y a disposición, tendrían lugar milagros … Los que pueden sentarse en silencio con sus semejantes, sin saber qué decir pero sabiendo que deben estar allí, pueden darle nueva vida a un corazón moribundo».[10]

Cuando los miembros de mi iglesia están preparándose para ir en un viaje misionero internacional de corta duración, con frecuencia preguntan: «¿Qué vamos a hacer cuando estemos allá». Les digo: «Tal vez lo más importante que harán es simplemente presentarse». Esta no es la respuesta que están esperando, y no siempre es una respuesta satisfactoria. Algunos quieren que se les dé una lista de actividades y pasos a seguir. Desean poder señalar algo concreto que están dejando detrás, tener una «prueba» de que han logrado algo significativo durante su tiempo en otro país. Entiendo esta manera de pensar: todos queremos saber que nuestra inversión de tiempo, energía y dinero ha valido la pena, y que no hemos desperdiciado nuestros preciosos recursos. Lo que estoy sugiriendo es que en nuestra prisa por *hacer algo*, es fácil pasar por alto a la gente que estamos visitando. Siempre habrá necesidad de acción, de soluciones tangibles a problemas complejos. Sin embargo, como seguidores de Cristo, asegurémonos de *estar con* las personas, de mirarlas a los ojos y escuchar su historia, de pasar unos momentos participando de sus experiencias, ya sean alegres o dolorosas. Así es como el Dios invisible se hace visible.

Entrega

¿Les ofrecerá a otros el don más grande que posee:
Dios viviendo en usted?

Dios de toda consolación, gracias por enviar a tu Hijo para asegurarme de nuevo que la vida no es un peregrinaje solitario. Me asombra que camines a mi lado y tengas la intención de traer a otros para que caminen a mi lado también. Gracias, Jesús, por dejar todo lo que te pertenecía por derecho para darme el don más grande que jamás podía recibir: tu presencia *en mí.* Hoy renuncio a dejar de relacionarme con algún necesitado —en especial con aquellos cuyos cuerpos y mentes están destrozados— y más bien quiero ofrecerles mi presencia. Estoy dispuesto a sentarme en silencio, escuchar, permanecer junto a mi amigo sin tratar de arreglarlo, a no dar mis soluciones sino darme a mí mismo. Por favor, vive por medio de mí.

Para empezar

- Haga una pausa y en silencio reflexione sobre una ocasión en su vida cuando la presencia de otra persona hizo más soportable una circunstancia dolorosa. Si tiene un compañero de lectura, hablen de la experiencia la próxima vez que se reúnan.
- Decida escuchar en realidad a un familiar o compañero de trabajo esta semana en lugar de permitir que su mente vague mientras conversan. Esfuércese de forma intencional por «estar con» la gente que Dios hace que se cruce en su camino.
- Vea el vídeo *«Straton's Story»* [La historia de Straton], en www.kaywarren.com. No titubee para bajarlo y compartirlo con otros.

CAPÍTULO 8

Una decisión deliberada

Alégrense con los que están alegres; lloren con los que lloran.
Romanos 12:15

Los moribundos se conmueven por el amor que reciben. A causa de esto,
creen que Dios debe incluso ser más bondadoso y generoso, y así sus almas
se elevan a Dios.
Hermana Dolores, Misioneras de la Caridad.

ESE SENTIMIENTO NERVIOSO QUE ESTABA LLEGANDO A SER FAMILIAR EN LA BOCA
del estómago empezó, y las palmas de mis manos comenzaron a sudar. Le
lancé una mirada al joven activista de SIDA que había preparado la visita,
y él me hizo una ligera señal de asentimiento, como diciendo: «Adelante».
Mi mirada se dirigió a las caras de los pacientes que me estaba observando. Dirigí una frenética mirada de nuevo hacia el joven, que ahora asintió
con más énfasis y dijo entre dientes: «¡*Adelante!*»

«¿Ir adelante *con qué?*», grité dentro de mi cabeza. «Esto no es lo que
yo esperaba. ¡No he preparado un discurso para esta gente! ¿Por qué Dios
sigue poniéndome en situaciones para las que no estoy preparada?»

Al procurar abogar por el VIH y el SIDA, siempre estoy intentando
aprender más, lograr captar bien cómo se ve la pandemia en varias partes
del mundo de manera que pueda traer de regreso la información y «tradu-
cir» para otros lo que he experimentado. Me doy cuenta de que la mayoría
de las personas no tendrán la oportunidad de visitar los lugares que visito,
así que parte de mi tarea es contarles las historias de hombres, mujeres
y niños de manera que los estadounidenses puedan tener un atisbo de
cómo es vivir en África, India, Asia, América Latina y Europa oriental. No
soy ni fotógrafa ni artista, por lo que uso las palabras para pintar cuadros
que reflejan la vida de otros seres humanos que sufren.

Así que allí estaba, en Manila, habiendo llegado al hospicio de SIDA
apenas momentos antes. Había esperado ir visitando a los pacientes uno

por uno, yendo de cama en cama para orar y ofrecer una palabra de aliento. Cuando llegamos, se nos había conducido a un pequeño salón de espera. En pocos minutos oí el ruido de muchos pares de pies acercándose. En silencio, un lastimero grupo de once hombres y mujeres y dos niños pequeños llenaron el cuarto, muchos arrastrando rudimentarios pedestales de sueros intravenosos con ellos. Se sentaron en un círculo y aguardaron expectantes algo… pero, ¿qué? Yo no tenía ningún discurso preparado, pensé que iba a ministrarles de forma individual, y no tenía ni idea de que habría también dos niños VIH positivos. Interactuar con adultos infectados con el VIH es una cosa, pero atender a niños VIH positivos es algo mucho más penetrante. Ellos son muy vulnerables, los más vulnerables de todos. Los niños eran pequeños y frágiles, con laceraciones en sus brazos y piernas. Al ver los efectos de un sistema inmune destruido exhibiéndose en sus cuerpos debilitados me llené de tristeza. Nunca sonreían ni se alegraban por nuestros ademanes juguetones, prefiriendo abrazarse a sus padres.

Como una respuesta llena de pánico a las trece personas que suplicantes me clavaban la mirada, hice lo único que pude pensar hacer en ese momento: les pregunté si podríamos orar por ellos. Por medio del traductor, nos dieron permiso para que les tomáramos de la mano y oráramos. Débilmente pregunté: «¿Cómo puedo orar por usted hoy?» Un hombre, el cual yo había creído que era una mujer, habló en voz alta en inglés: «¡El dolor! ¡El dolor! ¡Ay, qué dolor! ¡No puedo aguantar el dolor!» Y se frotó los muslos con fuerza. «¡Solo quiero morirme! No me importa si voy al cielo o al infierno, ¡solo quiero que el dolor se acabe!» Sus gritos apasionados me aturdieron y dejaron en silencio. Cualquier palabra que yo pudiera haber dicho murió en mi garganta. Entonces empecé a mirar alrededor del círculo para ver cómo los otros pacientes estaban reaccionando ante su conmovedora admisión de dolor. Las lágrimas corrían por todas las mejillas excepto las de los dos niños, cuyas caras estaban en blanco y ausentes.

Puse mi brazo sobre el hombro del hombre adolorido, sostuve con fuerza la mano de otro paciente al otro lado, y empecé a derramarle mi corazón a Dios a favor de estos nuevos amigos:

Dios, hemos venido acá hoy para recordarles a nuestros amigos que tú les amas, que tú no te has olvidado de ellos y nunca los abandonarás. Tal vez jamás volvamos a vernos en esta tierra, pero en este día hemos venido para ayudarles a llevar su carga de dolor, sufrimiento y tristeza. Tomamos su dolor como si fuera el propio y lloramos con ellos. Te suplicamos misericordia. ¿Podrías darles alivio de este terrible dolor y sufrimiento? ¿Podrías hacer que los remedios funcionen con eficacia? Jesús, el dolor de ellos no es un misterio para ti; tú conoces todo lugar de sus cuerpos que les duele, las partes que no funcionan de forma apropiada y que se han debilitado. ¿Pudieras ayudarles a que duerman en paz esta noche, sabiendo que tú estás obrando en sus cuerpos? ¿Podrías traernos a nosotros a sus mentes desde hoy en adelante cuando empiecen a pensar que no importan? ¿Podrías recordarles que así como nosotros hemos venido para ayudarles a llevar su dolor por un día, tú quieres llevarlo con ellos todos los días? Gracias porque esta vida no es todo lo que hay, sino que tenemos esperanza de otra vida en la cual no habrá dolor, ni sufrimiento, ni tristeza, ni enfermedad y aflicción.

Esa oración, dicha en un susurro, abrió la puerta para tener encuentros afectuosos con cada persona en ese cuarto. Cuando terminé de orar, todos en nuestro equipo instintivamente extendimos los brazos hacia estas personas que estaban en varias etapas de su camino hacia la muerte. Ellos se habían mantenido en silencio o reservados en su respuesta a nosotros, pero de repente nuestras lágrimas se mezclaban con las suyas, nuestros brazos se cruzaban con los de ellos, y oprimían sus cuerpos contra los nuestros, bebiendo el consuelo del contacto físico.

He aprendido que los enfermos por lo general tienen hambre de un contacto. Un brazo sobre sus hombros, un beso en la mejilla, un caluroso apretón de manos… todo esto les hace saber de maneras tangibles que en verdad todavía se les quiere, son únicos y valen algo. El Señor nos mostró cómo hacer esto. Jesús puso su brazo alrededor de los niños y los acercó a él. Tocó al leproso y lo sanó. Miró a los ojos de la adúltera y le recordó que ella todavía era valiosa, aunque su conducta la hacía una proscrita. El toque físico conlleva aceptación y amor de maneras muy significativas. Este dice: «Me intereso profundamente por ti».

Ese día escogimos —deliberadamente, sin reservas y de forma voluntaria— apropiarnos del dolor de personas que nunca habíamos conocido y tal vez nunca volveríamos a ver. Escogimos llevar dentro de nosotros mismos la agonía que ellas estaban experimentando y dejar que nos hiriera. La compasión es escoger participar del dolor de otro. Sin embargo, hacer esto va en contra de nuestra inclinación natural a protegernos del dolor. Requiere un sacrificio personal y una obediencia a Jesús, mientras hacemos por los demás lo que él hizo por nosotros.

Escogiendo el dolor

Dios podía haber enviado a Jesús simplemente para que estuviera con nosotros en nuestra humanidad, caminara con nosotros, viera la vida a través de nuestros ojos, y estuviera a nuestro lado en nuestro dolor y sufrimiento. Esto habría sido más de lo que tenemos el derecho a esperar de Dios. Sin embargo, Dios no se detuvo allí; él le pidió a Jesús que fuera incluso más allá y sufriera en realidad nuestro dolor. Jesús tomó sobre sí mismo nuestro sufrimiento. Él no solo asintió con simpatía cuando estábamos perdidos y muriendo en nuestro pecado, ni derramó lágrimas de empatía cuando nosotros lloramos. El Señor vio nuestro dolor y de modo voluntario escogió cargarlo sobre sus hombros, llevarlo en su corazón, e incluso tomar sobre sí mismo nuestro pecado y morir en lugar de nosotros. Él dejó que nuestras heridas lo hirieran. Eso es lo que significa «sufrir con alguien»: una decisión deliberada de abrazar el dolor que no es propio. El apóstol Pedro lo dice de esta manera: «Él mismo, en su cuerpo, llevó al madero nuestros pecados, para que muramos al pecado y vivamos para la justicia. Por sus heridas ustedes han sido sanados» (1 Pedro 2:24).

El profeta Isaías resume este pensamiento en un lenguaje poderoso:

> Ciertamente él cargó con nuestras enfermedades
> y soportó nuestros dolores,
> pero nosotros lo consideramos herido,
> golpeado por Dios, y humillado.
> Él fue traspasado por nuestras rebeliones,
> y molido por nuestras iniquidades;
> sobre él recayó el castigo, precio de nuestra paz,
> y gracias a sus heridas fuimos sanados.
> Todos andábamos perdidos, como ovejas;
> cada uno seguía su propio camino,
> pero el SEÑOR hizo recaer sobre él
> la iniquidad de todos nosotros …
> Por lo tanto, le daré un puesto entre los grandes,
> y repartirá el botín con los fuertes,
> porque derramó su vida hasta la muerte,
> y fue contado entre los transgresores.
> Cargó con el pecado de muchos,
> e intercedió por los pecadores.
>
> Isaías 53:4-6,12

Una vez más, la manera de Jesús de hacer visible al Dios invisible para nosotros nos muestra cómo debemos responder al dolor de otro ser humano. Como Isaías declaró: «[Jesús] cargó con nuestras enfermedades y soportó nuestros dolores, pero nosotros lo consideramos herido, golpeado por Dios, y humillado. Él fue traspasado por nuestras rebeliones». No permita que las imágenes mentales del horror sanguinario de la cruz borren el esplendor y la belleza de lo que Jesús hizo por usted. Alguien le amó lo suficiente como para llevar su sufrimiento sobre sí mismo. Alguien estuvo dispuesto a permitir que aquello que lo destrozaba a usted lo destrozara a él. Como sus esclavos —los que sirven al Maestro por amor, no por deber— nosotros también vamos a nuestros barrios y ciudades buscando a los que han sido destrozados y están quebrantados por el sufrimiento, y nos ofrecemos a *sufrir con* ellos.

El autor Lewis Smedes nos recuerda que todos sufrimos en esta vida, unas veces debido a nuestras propias acciones y otras debido a las acciones de los demás; un sufrimiento *a partir de* una situación. Smedes nos invita a ser radicales en nuestro sufrimiento al escoger sufrir *con* otra persona:

> Ya no más eso de ser víctimas del sufrimiento. Necesitamos avanzar al corazón del asunto: el sufrimiento voluntario. ¡Sufrir *con* las personas! Sufrimos con las personas cuando escogemos libremente permitir que sus heridas nos hieran a nosotros. Olvídese de eso de ser víctima; aquí usted decide por sí mismo si quiere ser herido o no. Somos libres en este tipo de sufrimiento… libres para sufrir o huir; libres para apropiarnos del dolor, o libres para decirle que no.
>
> No sufrimos porque la naturaleza nos caiga encima, sufrimos solo porque escogemos participar del dolor que la naturaleza les impone a otros. Lo traemos sobre nosotros mismos, como una decisión nuestra. Damos el paso, nos acercamos a los que sufren para permitir que su dolor se filtre a través de su piel hacia nuestro corazón, hasta que su dolor se vuelve nuestro. Aquí, en la ironía del dolor escogido, nos ofrecemos como voluntarios para aceptar un dolor que no queremos que nos llegue; nos ofrecemos como voluntarios para ser heridos con una herida que preferiríamos no sentir; nos ofrecemos como voluntarios para llevar una carga que a todas luces elegiríamos no llevar. Este es el sufrimiento voluntario. Es la última palabra en cuanto al poder del amor para avanzar hacia nuestros prójimos; no para conseguir placer de ellos, sino para llegar a sufrir con ellos.

Al sufrir *con* alguien tomamos en nuestras propias manos el dolor. Escogemos hacer lo que no tenemos que hacer, o incluso lo que no queremos; caminamos, con los ojos bien abiertos, hacia el dolor de otro ser humano, y lo consideramos como nuestro.[11]

¿Captó usted la última línea? Debemos caminar con nuestros ojos bien abiertos hacia el dolor de otro ser humano y *considerarlo como nuestro*.

El impulso de hacer una promesa

Don, un homosexual al que hace poco le diagnosticaron SIDA, trabajaba con una institución que proveía servicios para los enfermos de SIDA en el condado Orange. La iniciativa VIH y SIDA de Saddleback estaba interesada en aprender cómo podíamos ayudar a algunos de sus clientes. Él pidió hacer una gira por nuestra iglesia, así que nos encontramos en el plantel y recorrimos los edificios durante alrededor de una hora, terminando en mi oficina para charlar. Como ha ocurrido con algunos de los que he conocido que son activos en el cuidado de las personas con VIH, él fue cordial pero no muy amistoso al principio. Los evangélicos, incluyendo los de mi iglesia, en su mayor parte han estado ausentes de la lucha contra el VIH y el SIDA, y algunos tienen suspicacia y recelo cuando nos aparecemos veinticinco años tarde y les decimos que quisiéramos servirles. Entiendo esto y no me pongo a la defensiva en cuanto a su reticencia. Don estaba meramente reflejando la actitud de otros que habían sentido el aguijonazo del rechazo o del odio abierto.

Cuando me pidió que le dijera cómo podía yo llegar a abogar por las personas con VIH y SIDA, le conté mi peregrinaje, incluyendo el cáncer de seno. Nuestros ojos se cruzaron cuando le dije: «Yo no soy VIH positiva, así que no se cómo es eso. Pero he recibido otra clase de diagnóstico que amenaza la vida, y sin medicamentos, el cáncer del seno a la larga me hubiera matado. Me he visto frente a la muerte de varias maneras, y he descubierto que no tengo miedo de morir como solía tenerlo». Don tocó mi mano apoyada sobre la mesa y dijo: «Yo tampoco tengo miedo de morir; simplemente no quiero morir solo». Él articuló el temor que todos enfrentamos: el horror de morir solos.

Don me abrió su corazón ese día y me habló de algunos sentimientos vulnerables y auténticos. Me asombró que un completo extraño y yo pudiéramos establecer una conexión tan rápidamente, y todo sucedió porque ambos sabíamos lo que era verse frente a la muerte. Tuve que contenerme para no dejar escapar las palabras que tenía en la punta de mi lengua —después de todo, no nos conocíamos el uno al otro— pero al instante sentí que el Espíritu de Dios me estaba impulsando a hacerle a Don una promesa radical, si acaso no completamente ilógica.

Me acobardé mientras estuvimos juntos, pero más tarde esa noche le envíe un correo electrónico y le dije que quería hacerle una promesa en la que podía confiar. Esto es, en parte, lo que le escribí:

> Aunque no nos conocemos muy bien uno a otro, me conmovió la vulnerabilidad de lo que me contó hoy. Me gustaría que sepa que estoy prometiéndole que, en todo lo que me sea posible, no estará solo cuando muera. Tal vez tendrá otros amigos y familiares que estarán cerca de usted y con usted, pero ahora tiene una más.

Esto fue algo que surgió de la nada. Las personas razonables no prometen estar cerca de un moribundo de antemano a su muerte; en especial cuando el doliente es un total extraño. Yo nunca había hecho nada tan precipitado y tan… *extraño*. De alguna manera en lo más hondo de mi corazón sabía que Dios me estaba dirigiendo a prometerle esto a Don. No tenía ni idea de cómo él respondería, pero lo hizo con un largo y emotivo correo electrónico en el que me agradecía por interesarme tan profundamente en él.

Entablamos amistad. Él y un amigo suyo visitaron Saddleback justo el Día de las Madres, e hicimos planes para reunirnos de nuevo. Sin embargo, casi tan rápido como llegó a mi vida, salió de ella. Su enfermedad progresó hasta llegar al momento en que tuvo que dejar su trabajo, y luego me contó que se estaba mudando a otra región. Me dio su nueva dirección de correo electrónico y la información para comunicarnos, pero dejó de escribir y perdí el contacto con él. Este giro de los acontecimientos me confundió mucho. Ore: «Dios, sé que tú trajiste a Don a mi vida. Él me mostró cómo conectarme con otra persona a un nivel emotivo y minimizar nuestras diferencias de creencias hasta que podamos establecer una relación personal. Pensé que me estabas pidiendo que estuviera con él por un largo tiempo; que llegara a conocerle, aprendiera a amarle y estuviera junto a él como amiga hasta su muerte. Pero ahora él se ha ido y no está haciendo ningún esfuerzo por mantenerse en contacto. ¿Acaso entendí mal lo que me dijiste?»

Dios no ha contestado todavía mis preguntas en cuanto a Don; pero mi promesa fue en serio. Dios me ha impulsado a que esté dispuesta a tomar el dolor de otro ser humano y a llevarlo conmigo hasta el fin, incluso si el «fin» quiere decir llevar este dolor hasta que él muera. He tomado la decisión de *sufrir con* los demás.

Amando a Jesús al amar a otros

Un día Jesús sorprendió a sus desprevenidos discípulos con un «elogio». Sospecho que al principio ellos se alegraron de sus palabras de evidente reconocimiento, pero después se quedaron completamente confusos al tratar de imaginar lo que él quiso decir: «Porque tuve hambre, y ustedes me dieron de comer; tuve sed, y me dieron de beber; fui forastero, y me dieron alojamiento; necesité ropa, y me vistieron; estuve enfermo, y me atendieron; estuve en la cárcel, y me visitaron» (Mateo 25:35-36).

Puedo imaginarme la mirada perpleja en las caras de los discípulos al preguntarle a Jesús: «Señor, ¿estás seguro de que estás pensando en los discípulos correctos? No recordamos haberte dado de comer cuando tenías hambre o haberte visitado en la cárcel. No recordamos que hayas estado desnudo y te hayamos dado ropa. ¿Alguna vez estuviste enfermo? Debe haber sido cuando te levantabas de madrugada y te ibas al otro lado del lago. Pensamos que tienes trastornados los hechos». Y Jesús les respondió con esas palabras inolvidables: «Les aseguro que todo lo que hicieron por uno de mis hermanos, aun por el más pequeño, lo hicieron por mí» (Mateo 25:40).

La mayoría nos detenemos aquí en la narración bíblica. Las palabras de Jesús ya son de por sí convincentes porque nos damos cuenta de lo poco que hemos hecho por los enfermos, los pobres, los presos y los indigentes. Pero entonces él avanza un paso más:

> «Luego dirá a los que estén a su izquierda: "Apártense de mí, malditos, al fuego eterno preparado para el diablo y sus ángeles. Porque tuve hambre, y ustedes no me dieron nada de comer; tuve sed, y no me dieron nada de beber; fui forastero, y no me dieron alojamiento; necesité ropa, y no me vistieron; estuve enfermo y en la cárcel, y no me atendieron." Ellos también le contestarán: "Señor, ¿cuándo te vimos hambriento o sediento, o como forastero, o necesitado de ropa, o enfermo, o en la cárcel, y no te ayudamos?" Él les responderá: "Les aseguro que todo lo

que no hicieron por el más pequeño de mis hermanos, tampoco lo hicieron por mí."

»Aquéllos irán al castigo eterno, y los justos a la vida eterna».

Mateo 25:41-46

¿Se da cuenta usted? Jesús les dice a los discípulos que han cometido dos gigantescos errores: no han cuidado a los necesitados, y al no cuidarlos, no lo han cuidado *a él*.

La «prueba» esencial de nuestro amor por Jesús se lleva a cabo según una medida sorprendente. No se halla en la manera en que de forma típica solíamos evaluar nuestra madurez espiritual. La prueba de nuestro amor por Jesús consiste no solo en asistir a la iglesia, leer la Biblia, entonar cantos de alabanza, ser parte del coro, enseñar una clase de la Escuela Dominical, o servir como un ujier o anciano (aunque todas estas actividades son una parte importante de una vida espiritual creciente), sino en amar y servir a los enfermos, los pobres, los débiles y los marginados.

Usted no puede darle físicamente a Jesús refugio, ni prepararle una comida, ni ponerle una camisa limpia sobre los hombros; no puede visitarle en una celda en la cárcel ni ofrecerle un vaso de agua. Pero cuando lo hace por *ellos*, por los más pequeños, se lo está haciendo a él. Y cuando no lo hace *por ellos, no* se lo hace a él.

¡Vaya!

Esta enseñanza me fue recalcada de una manera poderosa durante mi visita al Hogar para los Moribundos en Calcuta. Parecía que en todas partes a las que miraba en la «Casa Madre» (donde las Misioneras de la Caridad viven y tienen sus servicios de capilla) y en el Hogar para los Moribundos, había crucifijos en las paredes con un rótulo sobre ellos que decía: «Tengo sed». La Madre Teresa había colocado esas palabras sobre los crucifijos como un constante recordatorio para las religiosas y las voluntarias del *por qué* estaban sirviendo a los más pobres de los pobres. Usted y yo no podemos retroceder en la historia y darle a Jesús un vaso de agua para aplacar la sed que sintió mientras colgaba en la cruz, pero por cierto podemos saciar la sed del «más pequeño» de nosotros a diario. No podemos detener el dolor que Jesús sintió cuando los clavos rasgaban su carne, pero sí podemos arrodillarnos junto a una mujer que sufre en agonía y limpiarle la frente. No podemos cubrir el cuerpo desnudo de Jesús, dejado expuesto al ridículo por los soldados, pero sí podemos vestir a un niño cuya camisa está hecha harapos y sucia. Si, como dijo la Madre

Teresa, a Jesús se le ve en su «más angustiante disfraz» a través de los pobres, entonces, cuando atiendo las necesidades de ellos, estoy ofreciéndole amor a mi Salvador. Y a la inversa, cuando escojo no atender sus necesidades, estoy descuidándolo a él.

El hecho de escoger de modo deliberado formar parte de la experiencia de otro ser humano establece el escenario para que Dios haga una entrada. Como dice la hermana Dolores, miembro de las Misioneras de la Caridad: «Los moribundos se conmueven por el amor que reciben ... A causa de esto, creen que Dios debe incluso ser más bondadoso y generoso, y así sus almas se elevan a Dios».[12] El escoger *sufrir con* alguien evidencia nuestro amor por nuestro Salvador, y al mismo tiempo les demuestra a los más pequeños, los últimos, los perdidos, que hay un Salvador que los ama.

Nunca he perdido un hijo debido al SIDA, pero siento el dolor de millones de madres y padres que han sufrido esto. Nunca he enterrado a un esposo, pero millones de mujeres sí. A mí nunca me han expulsado de mi casa y comunidad debido a un diagnóstico de salud, pero hay millones a los que les ha sucedido. Nunca he enfrentado la agonizante decisión de si debo darles el pecho a mis hijos y exponerlos al VIH o darles el biberón y tal vez exponerlos a gérmenes que pueden matarlos con igual facilidad, pero millones de mujeres la han enfrentado. Nunca he visto a mis hijos escarbando en la basura podrida para hallar algo que comer, pero millones de madres lo han presenciado. Nunca he enviado a un hijo o hija a la guerra, pero millones de padres sí. Nunca he pasado una noche en las calles esperando que nadie se lleve mis pocas pertenencias mientras duermo, pero millones sí. En cada caso, cuando siento tal dolor, angustia y desesperanza, estoy escogiendo llevar con ellos sus cargas. El escoger *sufrir con* alguien es un testimonio poderoso de ser un seguidor de Cristo. Él escogió sufrir conmigo; ahora yo puedo escoger sufrir con un semejante por amor a Jesús.

¿Está usted empezando a entender que la compasión es un asunto de tomar una decisión? No es una emoción que nos golpea de la nada; expresar compasión es una decisión deliberada. Cuando usted deja de cambiar el canal, deja de negar el mal y el sufrimiento, puede empezar a cultivar algunos nuevos hábitos, algunos nuevos patrones de respuesta semejantes a los de Cristo. Somos más semejantes a él cuando *escogemos* ofrecer el don de nuestra presencia y *elegimos* absorber dentro de nosotros mismos el sufrimiento de los más pequeños, los últimos y los perdidos. ¿Está usted buscando a Jesús? Allí es donde lo hallará.

❧ **Entrega** ❧

¿Escogerá usted de forma voluntaria llevar el dolor que no es suyo?

Padre, gracias por enviar a Jesús no solo para que esté conmigo en mi dolor sino para que lleve mi dolor sobre sí mismo. Señor Jesús, estoy muy agradecido porque estuviste dispuesto a cargar con mi sufrimiento y el castigo por mis decisiones pecaminosas; de forma voluntaria dejaste que todo fuera derramado sobre ti. Dame el valor que se necesita para escoger sufrir con otro ser humano; dame la fuerza que necesito para llevar no solo mi propio sufrimiento sino también el de otros. Por favor, ama por medio de mí. Que yo me identifique con la vida de otra persona de manera tan completa que me ría a mandíbula batiente cuando ella celebre y llore incontrolablemente cuando se aflija. Que en mi risa y lágrimas ella oiga tu gozo y conozca tu compasión. Por favor, ama por medio de mí.

Para empezar

- Ore por alguien que conozca que está sufriendo, pidiéndole a Dios que le permita sentir algo de lo que él o ella está atravesando. Si tiene un compañero de lectura, pasen tiempo juntos orando por esas situaciones.
- Llévele algo de comida a una persona que hace poco ha perdido a un ser querido; vaya al hospital a visitar a alguien que pueda estar necesitando una voz de aliento; ofrezca quedarse con el hijo crónicamente enfermo de su vecina para que ella pueda salir una noche tan necesitada con su esposo; escriba una nota o un correo electrónico a alguien que está deprimido y no sabe a quién acudir.
- Vea el mensaje de Rick y Kay, *«God's Compassion for the Sick»* [La compasión de Dios por los enfermos], en www.kaywarren.com.

CAPÍTULO 9

Un vínculo inesperado

Fiel es Dios, quien los ha llamado a tener comunión con su Hijo Jesucristo, nuestro Señor.
1 Corintios 1:9

La medida de la valía de nuestra actividad pública para Dios radica en la comunión privada profunda que tenemos con él.

Oswald Chambers, *My Utmost for His Highest* [En pos de lo supremo], 6 de enero

UNA TARDE CALCINANTE NUESTRO GRUPO SE ABRIÓ CAMINO CON CUIDADO por una atiborrada calle cerca del templo de Kali en Calcuta, India. A ambos lados de la calle había callejones, uno tras otro. En la entrada de cada callejón, mujeres de varias edades se reclinaban contra las paredes. Algunas estaban vestidas de forma seductora, otras con elegancia, y otras en harapos. Prostitutas. Mujeres de la calle. Damas de la noche. Mujeres de mala reputación. Rameras. El término políticamente correcto es *trabajadoras del sexo comercial*. Nunca había hablado con una prostituta antes, no en los Estados Unidos y por cierto tampoco en otro país. Sin embargo, este día en particular estaba rodeada de ellas.

Seamos honestos, las prostitutas se hallan casi al fondo de la escala social. Son forraje para los chistes de los programas de televisión ya tarde en la noche y material para las películas de Hollywood, y su mención puede hacer sudar a algunos políticos corruptos y teleevangelistas. No obstante, nadie las trata como seres humanos. En lo que a mí respecta, crecí pensando que las mujeres se hacen prostitutas por una razón: simplemente son canallas. Confieso que en realidad nunca quería llegar a conocer a las prostitutas; pero en mi proceso de maduración gradual al abogar por el VIH y el SIDA, llegó a ser claro que el sexo por dinero es una de las fuerzas impulsoras detrás de la pandemia del SIDA. Si iba comprender las maneras en que las trabajadoras del sexo comercial afectan la propagación del VIH, necesitaba ponerle una cara a las millones que viven como prostitutas. Cada paso de mi peregrinaje hacia una entrega peligrosa ha contado con lecciones que aturden, y las lecciones por lo general vienen por medio de «los más pequeños»: los vulnerables, despreciados y rechazados por la sociedad diplomática.

Descubrí que un número creciente de seguidores compasivos de Jesucristo ha permitido que sus corazones se enternezcan hacia las mujeres y hombres en la industria global del sexo, y están activamente buscando maneras de ministrar esperanza, sanidad y una salida en el nombre de Jesús. Después de todo, cuando se le dio la oportunidad de apedrear a una mujer sorprendida en el pecado sexual y a otra notoria por ser prostituta, Jesús las trató a ambas con dignidad. Él no condonó su conducta de pecado, pero fue amable y respetuoso en su interacción con ellas.

Las trató como seres humanos.

Las apariencias engañan

Una maravillosa pareja que vive entre los prostíbulos de Calcuta nos llevó a mis amigas Judy y Mary y a mí a conocer a unas pocas de las mujeres con las que estaban cultivando amistad. Ellos caminaron con nosotras por la calle llena de prostitutas.

Al salir de la calle lateral a la principal, con sus carros, autobuses, bicicletas y multitudes de gente que pasaba, atrajimos la atención. Aunque nos habíamos cubierto la cabeza y llevábamos pantalones sueltos y blusas de tamaño muy grande, algo común en las mujeres de la India más pobres, no había cómo disimular nuestra piel y apariencia extranjera. La gente se nos quedaba mirando, casi tropezándose unos con otros mientras estiraban el cuello para mirar a las mujeres extranjeras que hablaban con las prostitutas que ejercían su oficio. Para evitar producir más de una escena, persuadimos a tres de las mujeres a que se subieran a un taxi con nosotras y viajamos una distancia corta hasta un café pequeño en el que pudiéramos hablar. Nuestros amigos misioneros lo habían remodelado y estaban usándolo como lugar al que las mujeres podían ir sin que las hostigaran.

El cuarto estaba recién pintado y amoblado en forma sencilla con una mesita y sillas, pero las tres prostitutas rechazaron las sillas y se sentaron en el suelo de espalda a la pared. Me sentí incómoda sentada en la silla mientras estas mujeres estaban sentadas en el suelo, así que me senté en una esterilla junto a ellas. Una de las mujeres al instante dejó de recostarse en la pared para abrazarme. Entrelazó su brazo con el mío, me tomó de la mano, y me apretó con fuerza los dedos. Oprimió su espigado cuerpo contra el mío, apoyando su cabeza sobre mi hombro. Cuando mi cuerpo cambiaba de posición, el de ella cambiaba por igual. Me miraba a la cara mientras conversamos, y se reía y charlaba constantemente, al parecer sin preocuparse porque no hablábamos el mismo idioma. Nos quedamos así sentadas hasta que mi espalda empezó a dolerme y mis piernas y pies se entumecieron. Quería ponerme de pie y sacudir mis extremidades adormecidas, pero percibía que una conexión santa se estaba desarrollando entre nosotras; algo dulce estaba sucediendo en una dimensión espiritual, y yo estaba renuente a interrumpirlo.

Al principio todas las mujeres se reían con facilidad y bromeaban entre ellas. Estoy segura de que estaban riéndose de nuestros vestidos horribles y nada elegantes, que palidecían en comparación con sus saris de seda de colores brillantes entretejidos con hilos de oro. Sus cuerpos estaban en exhibición, y los nuestros cubiertos. Ellas buscaban atención, y nosotros estábamos tratando de que no se nos notara. Conforme nos conocíamos por medio de una intérprete, nos contaron de sus hijos, sus pueblos, sus vidas en Calcuta, su estatus con relación al VIH, y la historia de cómo llegaron a ser prostitutas.

Este tema puso expresiones de seriedad en sus caras mientras nos contaban su historia. Un esposo había vendido a una de ellas para que ejerciera la prostitución; a otra mujer la vendió una tía. A la tercera la vendió un vecino. Toda la risa y la actitud juguetona se desvanecieron para siempre cuando les pregunté cómo podían continuar alegres en tales circunstancias. Las lágrimas corrieron por sus encantadoras caras. «¿Alegría? Mi alegría se acabó en el momento en que vine acá de mi pueblo», dijo una. «No hay alegría». Nos quedamos sentadas en silencio por unos momentos tratando de absorber el horror de sus vidas. No pude contenerme para hacer la pregunta obvia: «¿Por qué no lo dejan? ¿Por qué no dejan de ser prostitutas?» Ellas contestaron a una: «¿Qué vamos a hacer? No tenemos ningún oficio. ¿Cómo vamos a vivir? Nuestras familias esperan el dinero que ganamos. No hay escape».

En silencio elevé una oración:

Dios, perdóname por mirar solo la apariencia externa de estas mujeres. Ellas se ven alegres y contentas; su belleza física aturde. ¿Cómo puedo ser tan torpe como para pensar que esta es una vida que han escogido por sí mismas? Por supuesto que hay un gran dolor oculto. Han sido traicionadas por alguien en quien confiaban y que las vendió como si fueran una vasija de barro, las trató como si fueran un artículo de consumo en lugar de un ser humano. Tú conoces este dolor, Jesús. A ti te traicionó y vendió un amigo. Tú sufriste el aguijonazo de ser abandonado y que te usaran. Estas mujeres ven un callejón sin salida por delante; no hay escape. No pueden volver a ser jóvenes inocentes en sus poblaciones, y no pueden pensar en ninguna otra manera para sostenerse a sí mismas en este momento. ¿Por favor, podrías amarlas por medio de nosotros ahora mismo? Haz que ellas comprendan —aunque no hablamos la misma lengua— que tú las amas tanto que moriste por ellas.

Hubo profundas verdades espirituales ocultas en ese encuentro con estas mujeres de la calle. Todo lo que podía ver en ese momento era que Dios y yo compartíamos un amor por ellas. No me di cuenta de cuánto me acercaron a él y de cómo estar con ellas ahondó mi comunión con Jesús. Sería necesario un tiempo de depresión y reflexión para reconocer cómo el sufrir con otros nos acerca al corazón de Dios.

La comunión en el sufrimiento

Viajé mucho a mediados y fines del 2004, visitando Tailandia, Camboya, las Filipinas y la India. Si había quedado seriamente perturbada y gloriosamente arruinada por mis visitas a Mozambique, Malawi y África del Sur un año antes, lo que presencié en Asia y en el sureste de Asia me lanzó a una profunda depresión de la cual no podía hallar salida. Esta depresión fue tal vez el punto culminante de la batalla contra el cáncer, el sufrimiento por los tratamientos, y toda clase de experiencias aturdidoras vividas después de leer el artículo de la revista a principios del 2002.

Todo lo que sé es que después de mi viaje a las Filipinas y la India, hallé que no podía dejar de llorar. No podía dormir. Nada me entusiasmaba ni me interesaba. Las caras de hombres, mujeres y niños me atormentaban, y su sufrimiento amenazaba con enterrarme. La enormidad de la pobreza, el SIDA, la ignorancia, el genocidio, los huérfanos, las viudas, las injusticias y el odio se apilaban encima de mi propio sufrimiento, drenándome toda alegría y placer. La tristeza y la aflicción se amalgamaron en apatía e intranquilidad, y mi talante usual llegó a ser la desesperanza. Había estado furiosa contra Dios cuando me sometí a los tratamientos para el cáncer… furiosa porque él permitía que un mundo tan destrozado siquiera existiera.

Ahora no estaba furiosa, estaba aplastada.

Varios de los que viajaron conmigo experimentaban la misma aflicción. A menudo hablábamos, comparando notas y buscando señales de alivio en el horizonte. Solo quería volver a sentirme como yo misma. Después de casi seis semanas sin ningún avance hacia la normalidad, llamé a nuestro pastor de misiones, Mike Constantz, y le pedí consejo. Él sugirió que mis amigos y yo oráramos con él y otros pocos pastores que tenían experiencia en misiones. Ellos sabían de primera mano lo traumático que puede ser esta exposición al mal, el dolor y el sufrimiento, en especial para los que han vivido vidas más bien protegidas.

Nos reunimos alrededor de una mesa grande, con nuestras Biblias y diarios a la mano, esperando contra toda esperanza que Dios tendría respuestas para nuestro dolor. El pastor Mike leyó un poderoso pasaje bíblico: «Lo he perdido todo a fin de conocer a Cristo, experimentar el poder que se manifestó en su resurrección, participar en sus sufrimientos y llegar a ser semejante a él en su muerte» (Filipenses 3:10).

Con firmeza pero suavemente dijo: «Cada vez que el corazón de ustedes se rompe por un niño huérfano debido al SIDA, deben saber que el corazón de Dios se rompe al mismo tiempo. Cada vez que ustedes lloran cuando están con un hombre o mujer que muere, deben saber que hay lágrimas también en la cara de Dios. Cuando piensan que no pueden aguantar el dolor un segundo más y quieren limpiar el mundo de todo el mal, deben saber que la pasión de Dios para destruir el mal es incluso mayor. Lo que están haciendo es apenas saboreando una porción de la angustia que Dios siente por nuestro mundo quebrantado. Si lo permiten, esto les llevara a una comunión más profunda con él al empezar a participar en los sufrimientos de Cristo. Él sufre por nuestro mundo. Ahora les ha sido concedido el privilegio de unirse al sufrimiento y la tristeza de él. Ustedes y Jesús llorarán juntos».

Las nociones del pastor Mike abrieron todo un nuevo campo de pensamientos e ideas para mí. Nunca había comprendido lo que la Biblia quiere decir cuando dice que hay comunión —hermandad, comunidad— al participar en los sufrimientos de Jesús. Francamente, siempre me había sonado demasiado místico... ¡inclusive para una mística como yo! Sin embargo, a través de la niebla de mi depresión y aturdimiento, comprendí que mi esperanza actual de eliminar el dolor no era la salida de la angustia. Dios tenía algo mejor en mente. En la agonía emocional que sentía, Dios me estaba invitando a acercarme a su corazón más que nunca antes.

Me estaba dando la bienvenida a *su* mundo, permitiendo que mi reacción dolorosa al sufrimiento me llevara a una intimidad más profunda con él al sentir lo que Dios siente.

¿Alguna vez se ha preguntado cómo Dios *se siente?* ¿Alguna vez le ha cruzado por la mente meditar en cómo Dios *se siente* en cuanto al asesinato? ¿A la violación sexual? ¿Al incesto? ¿Al adulterio? ¿A la tortura? ¿A la pobreza? ¿Al estigma? ¿A la enfermedad? ¿A la injusticia? ¡Incluso con solo una mirada rudimentaria a la Biblia podemos decir con certeza que Dios detesta todo eso (véase Proverbios 6:16)! Él se enoja por la devastación que el pecado ha causado en nuestro planeta (véanse 2 Crónicas 19:7; Isaías 61:8). El Nuevo Testamento registra que Jesús lloró por los pobladores de su amada Jerusalén cuando vio la opresión que sufrían (véase Mateo 23:37), su llanto ante la noticia de que su amigo Lázaro había muerto (véase Juan 11:35), su cólera cuando los negociantes trataban de engañar a los que venían al templo a adorar (véase Mateo 21:12), su ira cuando los dirigentes religiosos se preocupaban más por observar el día de reposo que por un hombre quebrantado por la enfermedad (véase Lucas 13:15-16) y su furia porque los adultos pudieran incluso lastimar a un niñito vulnerable (véase Lucas 17:2).

Nuestro Dios *siente* de una forma profunda y apasionada.

No debería haber sido sorpresa entonces que si yo iba a amar a Dios de una manera profunda y apasionada, eso automáticamente me conduciría a tener un corazón quebrantado. No hay manera de que podamos crecer en el amor a Dios y no crecer en cuanto a tener su corazón por el mundo, lo cual conduce directamente a sus sufrimientos. Los cambios internos radicales ocurren cuando nos convertimos en seguidores de Cristo, y estos cambios a la larga se derramarán por fuera afectando cómo vivimos nuestras vidas. El hecho de identificarnos con su cruz y su resurrección alterará la forma en que empleamos nuestros breves años en esta tierra. Lo que hacemos y a dónde vamos; cómo gastamos nuestro dinero, tiempo, talento y energía; y cómo respondemos a los necesitados, todo queda determinado por cuán profundamente establecemos una comunión con nuestro Salvador en sus sufrimientos.

¡Esto es bueno! No es algo que hay que evadir. Interesarnos por lo que a él le interesa permite en realidad participar de su pasión, y al hacerlo, hallamos una comunión que edifica el alma. El dolor de Jesús se combina con mi dolor, sus lágrimas con mis lágrimas, sus heridas con mis heridas; su cruz llega a convertirse en mi cruz, su consuelo en mi consuelo.

Como François Fénelon observaba, hay una belleza que une nuestros corazones con el de Cristo cuando sufrimos juntos: «Cuando amas a Dios, no te importará lo que debes sufrir por él. La cruz te hará a la imagen de tu Amado. Aquí hay una real consolación; un verdadero lazo de amor».[13]

Mediante mi depresión descubrí que me había dejado atrapar por la sutil tentación común a los individuos que se interesan, resumida en estas palabras: «Enfréntate al mundo por ti mismo». Cuando mi corazón se quebrantó por las personas con VIH y SIDA, la mentalidad de «ve y arréglalo» se apoderó de mí, y yo me lancé de cabeza intentando salvar por mí misma al mundo de los efectos de este horroroso virus. A menudo me sentía como si todo dependiera de mis esfuerzos, mi trabajo, mi compasión. Es cierto que nunca *dije* eso, y no estoy segura de que estuviera incluso consciente de cuán por completo me había entregado al «complejo de salvadora», pero los efectos del mismo eran obvios en mi vida.

Esto me recuerda, de una manera mucho menos significativa y más trivial, al personaje Bruce en la película *Bruce Almighty* [Bruce todopoderoso]. Este hombre piensa que él está calificado para ser Dios, así que el Señor le permite intentarlo por un par de días. En una escena, Bruce se da cuenta de que millones de oraciones están siendo elevadas justo en el mismo momento, y cuando intenta responderlas todas, se derrumba en medio de la histeria. Simplemente no puede hacerlo. Yo me veía a mí misma como hermanándome con Dios —lo cual es un concepto bíblico— pero había exagerado *mi* parte en el hermanamiento y descubrí muy pronto que, como el equivocado Bruce, mis hombros no eran lo suficiente anchos como para llevar encima el peso del mundo. Me estaba deshaciendo, doblegada hasta el suelo por una carga que estaba más allá del alcance de mi capacidad llevar. De alguna manera me olvidé de que cualquier dolor que siento en respuesta al dolor de otro se origina en el corazón de Dios, no en el mío. Como resultado, de forma inadvertida me estaba privando a mí misma de la consolación y el consuelo disponible para mí al participar de los sufrimientos de Jesús.

Tenía que renunciar a mi deseo de salvar al mundo.

Mientras estábamos sentados en la oficina del pastor Mike y al procesar nuestras experiencias, me di cuenta de que mi tiempo con las prostitutas en Calcuta me había permitido amarlas y orar que ellas llegaran a conocer a Jesús por la manera en que las habíamos amado. Sin embargo, cuando estaba sentada en el piso de tierra del café, apenas había estado vagamente consciente de que podía compartir *con Jesús* el dolor que estaba sintiendo por la desdicha de estas mujeres. Él no planeó que yo llevara este dolor por mí misma, aunque eso era justo lo que estaba tratando de hacer. Había sentido el amor de Dios por estas tres mujeres. Había sentido su dolor por las heridas de ellas. Ahora me daba cuenta de que conforme mi corazón continuaba rompiéndose por ellas, así también se sentía el de él. Supe que Jesús y yo estábamos unidos en nuestra devoción a estas mujeres. Percibí la comunión al participar en sus sufrimientos de una nueva manera.

Fue un vínculo inesperado.

Pocos meses más tarde pude invocar ese vínculo de participar en comunión de los sufrimientos de Jesús durante una visita a un orfanato para niños VIH positivos en Kenia que dirige un dedicado sacerdote anciano llamado Fray Dag.

La voz alta y clara de una niña me llamó la atención mientras Elizabeth y yo recorríamos el sendero entre las cabañas. Alguien estaba cantando de forma hermosa en un inglés con un fuerte acento. Elizabeth y yo nos sentimos atraídas por la voz. Teníamos que ver quién estaba llenando el aire con un sonido tan hermoso. Al acercarnos a una cabaña que tenía la puerta abierta de par en par, pudimos ver a una niña que parecía tener unos diez años sentada en el suelo poniéndose los zapatos. Ella no nos vio al principio, y continuó su canto. De repente, nos miramos asombradas al reconocer la tonada y las palabras… y nos quedamos mudas por lo penetrante de lo que oímos:

> *En alguna parte, sobre el arco iris*
> *Los cielos son azules*
> *Y los sueños que te atreves a soñar*
> *En realidad se cumplen.**
>
> E. Y. Harburg

Escuchamos por unos pocos momentos e intentamos unirnos al canto, pero tratar de cantar: «Si los alegres azulejos vuelan más allá del arco iris, ¿por qué, oh, por qué no puedo yo?» fue imposible. Nuestras voces nos fallaron y permanecimos calladas, ahogadas por las lágrimas. Para entonces ella nos había visto paradas en la puerta y se abochornó porque la habíamos oído, pero nos sonrió y nos abrazó después que terminó de anudarse los zapatos. Nunca la olvidaré. Jamás sabré dónde había apren-

---

* Fragmento de «Sobre el arco iris», letra de E. Y. Harburg. Traducción de Miguel A. Mesías E.

dido ese viejo canto estadounidense, pero ella articulaba la esperanza más atesorada por los huérfanos de todas partes —la ilusionada esperanza de que en alguna parte, algún día, ellos se despertarán donde «las nubes están muy detrás», donde «los problemas se derriten como gotas de limón», donde el cielo es azul y los sueños se cumplen— sueños de una casa, un lugar al cual pertenecer, una familia.

Seguimos por entre las cabañas hasta el cementerio meticulosamente cuidado. Diminutos montones de tierra y pequeñas cruces blancas marcaban el lugar de descanso de los huérfanos infectados por madres VIH positivas, la mayoría de los cuales ni siquiera supieron que estaban enfermos. «Esto es demasiado, Jesús», lloré. «Los pequeños deberían estar corriendo, jugando, saltando, haciendo travesuras, riéndose, creciendo, aprendiendo; no muriéndose antes de llegar a vivir». En medio de mi aflicción por esos bebés cuyas vidas fueron cortadas por el VIH y la niña con la hermosa voz que tal vez nunca hallaría un hogar, tuve que recordarme a la fuerza a mí misma de echar mano del consuelo que Jesús ofrecía. El mío no era el único corazón que se dolía por la injusticia y el dolor de todo esto, por el desperdicio de la vida inocente. Jesús también lloraba. Él, Elizabeth y yo compartíamos un vínculo.

Jesús nos extiende a todos la posibilidad de la comunión con él. Cristo sufrió *con nosotros* y *por nosotros*, y ahora tenemos el privilegio de sufrir *con él*, *por él*, y con *los que él ama*. Sin embargo, todos tenemos la enfermedad del déficit de atención espiritual; nos distraemos con facilidad, nos olvidamos y nos ausentamos. Así que él ha provisto un recordatorio tangible de sus sufrimientos, una manera en que podemos experimentar este irrompible vínculo con él.

Nos ofrece su cuerpo y su sangre.

Comunión profunda privada

En la iglesia en que me crié observábamos la Cena del Señor cada pocos meses. Siempre era una ocasión solemne, y a todos los niños se nos daba instrucciones estrictas sobre cómo comportarnos durante esos pocos momentos en los que comíamos un pedazo seco de galleta sin levadura y bebíamos el jugo de uva de una diminuta copa de plástico. Recuerdo que vivía con el temor mortal de que pudiera dejar caer la copa que sostenían mis dedos temblorosos. Me preocupaba por comerme el pedazo de pan sin levadura en el momento errado. Y lo peor de todo, me asustaba hasta la médula el hecho de tener pensamientos no santos mientras sostenía ese sagrado recordatorio de la muerte de Jesús por mí. Hubo un par de ocasiones en que algo me hizo cosquillas y tuve que hacer todo lo posible para contener la risa, pero hay algo en cuanto a tratar de no reírse que hace que uno se ría con más fuerza. Tenía dos reacciones poderosamente conflictivas: este es un momento santo y necesito estar seria, y este es un momento hilarante y no puedo dejar de reírme... ¡Dios va a fulminarme! Incluso como adulta a menudo me hallaba sintiéndome ansiosa cuando llegaba el momento de recordar el sacrificio de Jesús por mis pecados. Rara vez comer el pan o beber la copa agitó algo apasionado en mi alma.

No obstante, todo esto empezó a cambiar cuando tuve un atisbo de la comunión con Cristo que estaba disponible para mí. Por medio de las Escrituras sabía que él y yo estábamos unidos debido a su muerte en la cruz por mis pecados, pero no puedo decir que sintiera ningún poder proveniente de esta unidad en mi vida diaria. Cuando llegué a darme cuenta de que podía mostrar mi amor por él al servir a otros, las realidades de la dimensión que no podía ver, tocar, saborear, oler u oír se hicieron concretas. El conocimiento de que podía ofrecerle a Jesús un vaso de agua, vestir su desnudez, saciar su hambre, aliviar su soledad y estar con él en devoción junto a su cruz al cuidar de otro ser humano, propició una profunda intimidad que mi alma había anhelado. Todo se hizo real para mí. Comer el pan y beber el jugo que representan su cuerpo y su sangre llegó a ser una experiencia en la cual podía deleitarme en profunda comunión con el Dios todopoderoso y con la comunidad de creyentes con la que compartía mi vida. Me encanta que la palabra que usa la Biblia para «compañerismo» —*koinonía*— sea la misma que se usa para «comunión». Compañerismo. Comunión. Con él y unos con otros.

El apóstol Pablo hace esta observación:

> Esa copa de bendición por la cual damos gracias, ¿no significa que entramos en comunión con la sangre de Cristo? Ese pan que partimos, ¿no significa que entramos en comunión con el cuerpo de Cristo? Hay un solo pan del cual todos participamos; por eso, aunque somos muchos, formamos un solo cuerpo.
>
> 1 Corintios 10:16-17

Tener comunión con Cristo por medio del pan y la copa —participar de sus sufrimientos— es el más grande privilegio de una relación con Dios. Como Oswald Chambers lo declara, ahora tenemos una «profunda comunión privada con él».[14] El segundo más grande privilegio de una relación con Dios es la comunión personal y profunda de los unos con los otros. Mi sabiduría favorita de Henri Nouwen es esta:

> Nada es dulce o fácil con relación a la comunidad. La comunidad es una fraternidad de personas que no esconden sus alegrías y tristezas, sino que las hacen visibles unas a otras en un gesto de esperanza. En la comunidad decimos: «La vida está llena de ganancias y pérdidas, alegrías y tristezas, subidas y bajadas; pero no tenemos que vivirlas solos. Queremos beber juntos nuestra copa y así celebrar la verdad de que las heridas de nuestras vidas individuales, que parecen intolerables cuando vivimos solos, se vuelven fuentes de sanidad cuando se viven como parte de una fraternidad de cuidado mutuo».[15]

Este compañerismo de cuidado mutuo, esta comunión de los unos con los otros, significa que en el sentido más profundo posible nunca estamos en verdad solos de nuevo: nunca solos en nuestro dolor, nunca solos en nuestra alegría, nunca solos en nuestra vergüenza, nunca solos en nuestro éxito, nunca solos en nuestro fracaso, nunca solos en nuestra aflicción, nunca solos en nuestras celebraciones. ¡Pertenecemos a una comunidad!

En comunidad, nuestros equivocados esfuerzos de salvar al mundo por nosotros mismos enfrentan un reto. En comunidad, nuestras motivaciones encuentran un escrutinio amoroso. En comunidad, el peso del mundo lo llevan también otros seguidores dedicados de Cristo. En comunidad, acudimos a su presencia juntos para participar de la celebración de su sacrificio por nuestros pecados. En comunidad, la entrega peligrosa de parte de un miembro del grupo es causa de regocijo, no una decisión para ridiculizar o de la cual burlarse. Estamos unidos a Jesucristo y los unos con los otros.

Jesús murió para hacer posible la «profunda comunión privada» con Dios. Es esta comunión lo que hace resistible todo el sufrimiento que soportamos por nosotros mismos y por los demás. En su presencia —en comunión con él y unos con otros— somos restaurados, reconstruidos, renovados, refrescados y remodelados para la actividad pública a la que él nos llama. Sin embargo, antes de la actividad pública viene el llamado a permanecer en comunión con él en sus sufrimientos, a disfrutar de este vínculo inesperado.

❧ Entrega ❧

¿Va a permitir que su dolor —y el sufrimiento de otros que ha escogido llevar— le conduzca a una comunión íntima con Jesús?

Padre, quiero conocerte y ser conocido por ti. Perdóname por reducir mi relación contigo a reglas que seguir, a un asunto más para marcar en mi lista diaria de cosas para hacer. Estoy atareado con la actividad pública. Me precipito por todos lados la mayoría de las mañanas como si me hubieran disparado de un cañón. Aunque que sé que tienes un trabajo para que haga, primero quiero estar en comunión contigo a un nivel que desafíe toda explicación humana. A veces me siento renuente o incapaz de compartir en realidad mi vida en una rica comunión con otros creyentes. Por favor, permíteme participar de los sufrimientos de Jesús de modo que pueda compartirlos contigo y con los que forman parte de mi comunidad espiritual. Estoy muy agradecido por la Cena del Señor y el misterio que revela y el poder que imparte. Que el conocimiento de que soy uno contigo por medio de Jesucristo guíe mis actividades hoy.

Para empezar

- Haga una pausa y considere esta pregunta: «¿Cuándo he intentado llevar sobre mis hombros el peso del mundo?» Si tiene un compañero de lectura, profundicen su comunión conversando sobre esas nociones. Después de haber tenido la oportunidad de pensar en su respuesta al sufrimiento, dedique un tiempo para leer y reflexionar en esta traducción de las palabras de Jesús en el Evangelio de Mateo:

> Vengan a mí todos ustedes que están cansados de sus trabajos y cargas, y yo los haré descansar. Acepten el yugo que les pongo, y aprendan de mí, que soy paciente y de corazón humilde; así encontrarán descanso. Porque el yugo que les pongo y la carga que les doy a llevar son ligeros.
>
> Mateo 11:28-30, VP

- La próxima vez que su iglesia observe la Cena del Señor (comunión), abórdela con ternura renovada y alegría al entrar en la intimidad con Jesús y sus hermanos y hermanas de la familia de Dios.
- Oiga el inspirador canto *«Carried to the Table»* [Llevado a la mesa], de Leeland. Por un tiempo limitado solamente podrá oírlo en www.kaywarren.com.

CAPÍTULO 10

Brazos que se entrelazan

Dios sometió todas las cosas al dominio de Cristo, y lo dio como cabeza de todo a la iglesia. Ésta, que es su cuerpo, es la plenitud de aquel que lo llena todo por completo.
Efesios 1:22-23

La iglesia es ella en verdad solo cuando existe para la humanidad.
Dietrich Bonhoeffer, *Letters and Papers from Prison*

«Recibí a Cristo la primera noche de la cumbre de SIDA en Saddleback», dijo el joven entre los bocados que daba a su pizza, «porque me di cuenta de que la única esperanza para el mundo está en la iglesia. He visto los esfuerzos de las personas que no están conectadas con la iglesia, y ellas simplemente no pueden lograrlo».

Me encontraba almorzando con algunos de los miembros del personal de Saddleback y este joven que había asistido a nuestra Cumbre Global Anual sobre el SIDA y la Iglesia. Él estaba bien conectado con la industria del cine y había visto de primera mano los esfuerzos sinceros de muchos que querían ayudar con la pobreza, la injusticia, el SIDA y los huérfanos. Había escuchado que él regresó a su habitación del hotel la primera noche de la cumbre y le entregó su vida a Dios, y tenía curiosidad por saber cómo nuestra cumbre de SIDA le había atraído a Cristo… ¡ni siquiera habíamos extendido una invitación al altar!

Él continuó: «Me senté en medio de la multitud que llenaba el auditorio y me di cuenta de que *este* era el grupo de personas que en realidad podía determinar una diferencia —la iglesia de Jesucristo— y de repente supe que allí es donde yo quería estar. Ese día le entregué mi vida a Cristo».

Su relato me dejó perpleja. ¿Cuándo fue la última vez que usted oyó de alguien que se sintió tan atraído por la belleza de la iglesia de Cristo que se sintió obligado a formar parte de ella? Me he acostumbrado a los relatos de personas que sienten repulsión o enojo por la iglesia, de modo que oír de un hombre que vio el verdadero valor de la iglesia y fue atraído a ella fue algo muy conmovedor para mí. Él pudo mirar más allá de los defectos, fracasos y debilidades de los seres humanos que componen la iglesia de Cristo y ver el vasto potencial que Dios percibe... él vio la *esperanza*.

Confieso que pasé un par de años seriamente perturbada por las personas que sufren antes de que percibiera la esperanza. Tuve muchas dificultades al procesar, filtrar y absorber las nuevas realidades que seguía descubriendo, y aunque a la larga aprendí cómo unir mi sufrimiento con los sufrimientos de Cristo, no podía hallar mucha razón para ser optimista en cuanto a que los problemas del mundo pudieran cambiar de alguna manera significativa.

Soy por naturaleza pesimista. En los «tipos de personalidad de la escuela de Winnie the Pooh», soy una clásica burrita Eeyore. He luchado con la depresión la mayor parte de mi vida, y casi siempre veo el vaso medio vacío. ¡Así que el que ahora diga con sinceridad que tengo esperanza es en realidad una gran cosa! Esto representa un crecimiento en mi relación personal con Dios y una mayor comprensión y amor por la fuente de mi esperanza: su iglesia.

Aunque me crié en la iglesia —me matricularon en la sala cuna cuando tenía una semana de edad— mi afecto por la iglesia de Cristo era en gran medida por obligación. Dios planeó la iglesia desde el principio, Jesús murió por la iglesia, y el Espíritu Santo le da poder a la iglesia. Conocía estas verdades por la Biblia, pero no eran algo con lo que me conectara a un nivel emocional.

Había presenciado con el correr de los años tanto el dolor como el placer de ser parte de la iglesia. Como esposa de pastor, me había sentido frustrada por las peleas internas, el territorialismo, las divisiones y los cismas dentro de la iglesia en general. Hallé que el denominacionalismo es un estorbo para que los creyentes trabajen juntos para llevar a las personas a Cristo. Me sentía avergonzada por la conducta de «haz lo que digo, no lo que hago» de algunos creyentes en la plaza pública. El hecho de que se ignoraran las necesidades físicas de nuestros hermanos y hermanas me enfurecía. Como muchos otros, me sentía con ganas de darme por vencida, y a menudo contemplé caminos alternos para lograr hacer la obra de Dios sin que interviniera la iglesia.

Dios escogió un método gráfico para cambiar mi parecer.

Esperanza perdida, y hallada

Después de terminar mi tratamiento para el cáncer a principios del 2004, casi ni podía esperar para volver a viajar, para retomar el llamamiento que Dios me había dado de abogar por el VIH y el SIDA a favor de los que no tienen voz. La Conferencia Bienal Internacional de SIDA iba a tener lugar en Bangkok, Tailandia, en julio del 2004, y mi amiga Elizabeth, su hijo adolescente, mi hijo adolescente, una joven pareja de la iglesia y yo viajamos para participar en la conferencia de toda una semana como otros miles de todo el mundo. Nos quedamos estupefactos al entrar al centro de convenciones y vernos confrontados al instante con un enorme cartelón que describía de forma cronológica un día en la vida de una trabajadora del sexo comercial (prostituta)… no de una manera negativa, sino desde la perspectiva de que la prostitución es buena y necesaria en la sociedad. A partir de ahí, los choques continuaron. Arrojaron pintura roja a un retrato del presidente de los Estados Unidos de América, y un orador tras otro expresó con libertad sentimientos contrarios a los Estados Unidos. Parecía como si todo disertante empezara su conferencia con la frase: «Debemos considerar los derechos de los homosexuales, las lesbianas, los bisexuales, las personas que han cambiado de sexo, las trabajadoras del sexo comercial y los usuarios de drogas intravenosas». En el salón de exhibiciones, un enorme condón controlado a distancia flotaba sobre los asistentes, en tanto se exhibían hermosos vestidos de noche hechos de condones teñidos a los que les habían dado una variedad de formas. Se ridiculizaron y rechazaron las ideas de reservar el sexo para el matrimonio y promover la fidelidad conyugal, y se rotularon como ineficaces en la lucha contra la transmisión del VIH. Parecía como si los presentadores estuvieran revirtiendo todo ideal y valor que sostenía: arriba era abajo, y abajo era arriba; el bien estaba mal, y el mal estaba bien; la luz era oscuridad, y la oscuridad era luz.

Esta perspectiva —cosmovisión, en verdad— plenamente abrazada por miles en el centro de convenciones era todavía nueva por completo para mí, y tenía mucho que procesar. Recorrí el gigantesco centro de convenciones boquiabierta, llena de sorpresa e incredulidad por el ataque a mis valores, la promoción del libertinaje sexual, y el sentimiento antiestadounidense al que nunca antes había estado expuesta. Mi cerebro era un torbellino tratando de descifrar la terminología médica y la jerga científica así como los resultados de las investigaciones, y sobre todo eso había una capa de tristeza, pues conocía la realidad de que millones de hombres, mujeres y niños estaban muriéndose por este virus perverso.

Un espíritu de desesperanza empezó a levantarse en mí con el paso de los días en la conferencia. ¿En qué me había metido? ¿Qué me hizo pensar que podía hacer algo significativo en cuanto al SIDA? El problema era demasiado grande; demasiadas personas estaban enfermas. ¿Cómo llevar remedios que pueden salvarles la vida a los que más lo necesitan? ¿Cómo podemos impedir que esta pandemia diezme un país tras otro? ¿Qué les va a pasar a todos los niños que se quedan solos, librados a cuidarse por sí mismos? ¿Cómo podemos terminar el estigma y el rechazo que sufren las personas con VIH? Hay mucha controversia en cuanto a los métodos de prevención… ¿quiero en realidad involucrarme en ese debate?

Me quedé sola en la habitación del hotel el último día, desalentada, con mis velas sin un viento que las hinchara, sintiéndome tonta e ingenua, muy segura de que era una idiota al pensar que podía determinar alguna diferencia en un problema que abarcaba el globo. No había esperanza de terminar con el SIDA; nada significativo que yo o alguien pudiera en realidad hacer. En mi desesperanza, tomé la Biblia de mi amiga y la abrí al azar. Mis ojos se posaron en Hechos 26, que registra la ocasión cuando el apóstol Pablo relata de nuevo su conversión ante el rey Agripa. Una vez más, Dios llegó a mi alma y reafirmó su llamado:

«En uno de esos viajes iba yo hacia Damasco con la autoridad y la comisión de los jefes de los sacerdotes. A eso del mediodía, oh rey, mientras iba por el camino, vi una luz del cielo, más refulgente que el sol, que con su resplandor nos envolvió a mí y a mis acompañantes. Todos caímos al suelo, y yo oí una voz que me decía en arameo: "Saulo, Saulo, ¿por qué me persigues? ¿Qué sacas con darte cabezazos contra la pared?" Entonces pregunté: "¿Quién eres, Señor?" "Yo soy Jesús, a quien tú persigues —me contestó el Señor—. Ahora, ponte en pie y escúchame. Me he aparecido a ti con el fin de designarte siervo y testigo de lo que has visto de mí y de lo que te voy a revelar. Te libraré de tu propio pueblo y de los gentiles. Te envío a éstos para que les abras los ojos y se conviertan de las tinieblas a la luz, y del poder de Satanás a Dios, a fin de que, por la fe en mí, reciban el perdón de los pecados y la herencia entre los santificados."

»Así que, rey Agripa, no fui desobediente a esa visión celestial. Al contrario, comenzando con los que estaban en Damasco, siguiendo con los que estaban en Jerusalén y en toda Judea, y luego con los gentiles, a todos les prediqué que se arrepintieran y se convirtieran a Dios, y que demostraran su arrepentimiento con sus buenas obras. Sólo por eso los judíos me prendieron en el templo y trataron de matarme. Pero Dios me ha ayudado hasta hoy, y así me mantengo firme, testificando a grandes y pequeños. No he dicho sino lo que los profetas y Moisés ya dijeron que sucedería: que el Cristo padecería y que, siendo el primero en resucitar, proclamaría la luz a su propio pueblo y a los gentiles.

Hechos 26:12-23

En su apelación apasionada al rey Agripa, es evidente que Pablo se sentía más que gozoso por la visión que Dios le había dado, y declara que sería imposible para él alejarse de tal visión. En esa habitación del hotel, salté con entusiasmo, y con las lágrimas rodando por mis mejillas alcé mis brazos a Dios y dije: «¡Dios, soy tuya! Veo que debo usar lo que sea que me des de tiempo para llamar a la iglesia de Jesucristo al arrepentimiento y la acción a favor de los que sufren del VIH y el SIDA, para ser una voz para los que no tienen voz, para hablar con los que tienen poder a favor de los que no lo tienen, y para animar a la iglesia a reservar un espacio en sus corazones para los millones de niños que quedan vulnerables debido a la muerte de sus padres».

La Palabra de Dios desvaneció cualquier pregunta que quedara en cuanto a lo que se suponía que debía estar haciendo con mi vida. Ya no hubo más dudas, ninguna elucubración, ninguna ambivalencia. Dios me recordó que él quiere usarme para ayudar a destacar la diferencia entre la oscuridad y la luz, de modo que muchos escojan la *luz*. Él quiere que las personas vean la diferencia entre Satanás y Dios, y prefieran a Dios. Me pidió que les explique a todos los que encuentre que sus pecados están perdonados y que su búsqueda de un «hogar» y una familia puede llegar a su fin: Dios los quiere en *su* casa. Me recordó decirles que la vida real proviene de una relación personal con él.

Hasta hoy, esta reafirmación del llamado de Dios en mi vida no me ha abandonado; estoy poniendo en práctica los propósitos que Dios me ha dado, y de la mejor forma que puedo. Vivo con intensidad, pasión e impulso. La meta ahora es clara como el cristal: terminar con el VIH y el SIDA.

El único problema es que eso es imposible.

Con gigantescas cantidades de dinero, cooperación, coordinación y esfuerzo, podemos reducir el contagio del VIH, pero, ¿acabar con él? No es probable. Los gobiernos han tratado y continuarán tratando de detener el VIH y el SIDA; las corporaciones, las grandes empresas y los filántropos también han tratado y seguirán tratando. La comunidad médica ha hecho un valiente esfuerzo para detener el SIDA, pero todavía no logra erradicar el virus. Así que, ¿por qué incluso considero eso como meta? Porque pienso que cuando el eslabón perdido —la iglesia de Jesucristo— se levante de su modorra, sea consciente de la magnitud del problema, reconozca lo mal que ha actuado debido a su ausencia o sus esfuerzos minúsculos (por lo menos en Occidente), se arrepienta de su descuido de aquellos que Dios ama con pasión, y haga acopio de su mejor atención, esfuerzo y compasión, el VIH y SIDA pueden llegar a ser una enfermedad que *solía* plagar a nuestro mundo.

Si una Conferencia Internacional sobre SIDA me dejó desesperanzada, deprimida y convencida de que no había nada que alguno de nosotros pudiera en realidad hacer, la siguiente me dejó entusiasmada, jubilosa y alentada. En tanto que recorrí el centro de convenciones en Bangkok en julio del 2004 con la cabeza gacha y llena de desesperanza, mi cabeza se mantuvo erguida y había una sonrisa en mi cara en Toronto en agosto del 2006. ¿Por qué? El mundo no había cambiado mucho: millones todavía están siendo infectados con el VIH, millones han muerto, millones de niños han quedado huérfanos, el número de nuevos contagios crece, no hay curación a la vista, no hay vacuna para prevenir las infecciones. ¿Por qué peregrina razón estaba yo entonces tan contenta?

¡Me había enamorado de la iglesia!

La única esperanza

Sé que suena a locura, pero la iglesia —con todas sus fallas y defectos— tiene ventajas por sobre toda otra institución de la sociedad. Más de dos mil millones de personas afirman ser seguidores de Jesucristo, y eso quiere decir que ninguna otra organización es más grande que la iglesia. Ningún gobierno, ninguna agencia de beneficencia —ningún país por sí solo, a decir verdad— es más grande que la iglesia. Las iglesias locales están esparcidas en casi todo país de la tierra, y hay más de ellas que todos los establecimientos de McDonald's, Wal Mart, Starbucks y Macy's combinados. Algunos lugares tienen pocos o ningún hospital, universidades, o bibliotecas, ¡pero tienen una iglesia! Miremos a Ruanda como ejemplo.

En la provincia occidental de Ruanda hay tres hospitales regionales.

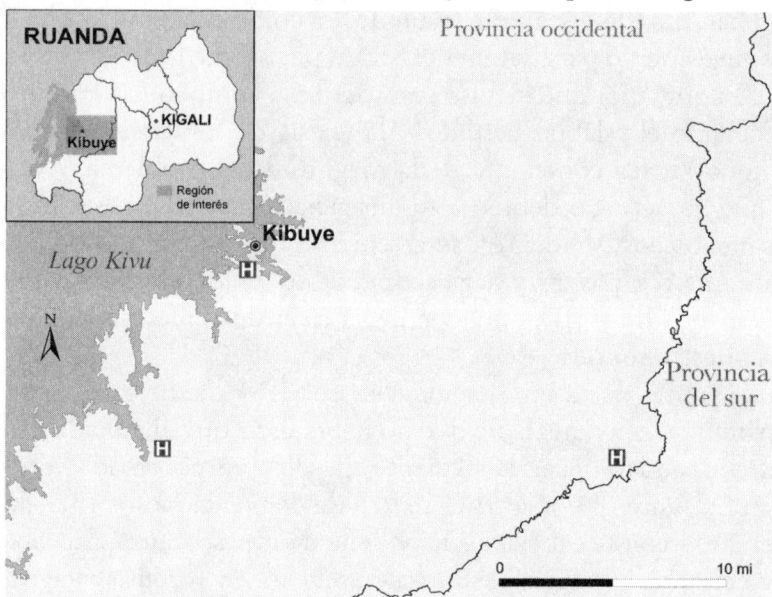

Figura 1: Ruanda, provincia occidental: hospitales (3)

Nótese cómo la cobertura médica se amplía mediante aproximadamente veinte centros de salud regionales.

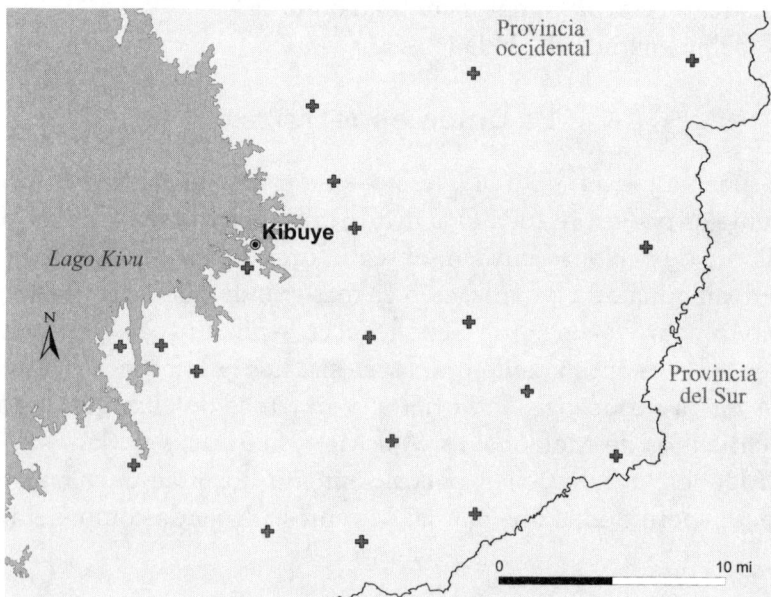

Figura 2: Ruanda, provincia occidental: centros de salud (19)

146

Ahora vea la vasta propagación representada por más de setecientas iglesias.

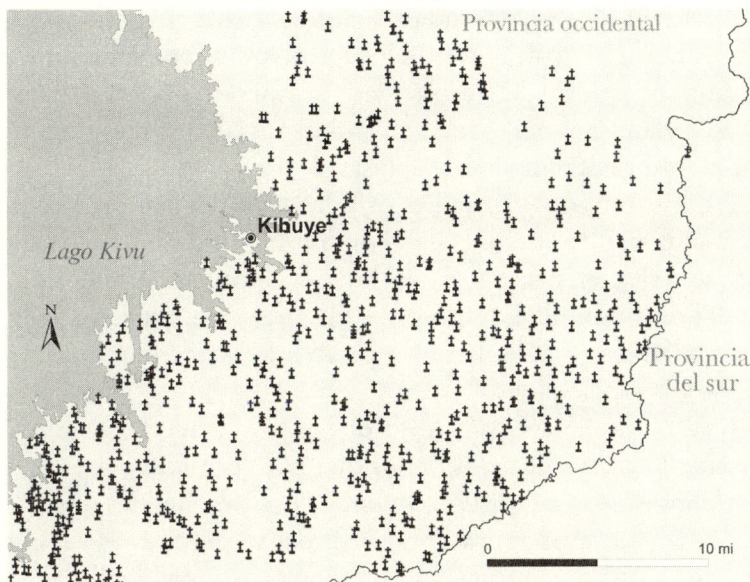

Figura 3: Ruanda, provincia occidental, iglesias (728)*

Las iglesias son parte de un sistema de redes de trabajo de las masas, lo que quiere decir que son mucho más eficientes y eficaces que las burocracias. La iglesia alrededor del mundo está creciendo al ritmo de sesenta mil nuevos convertidos al día. Detener la pandemia del VIH y el SIDA requiere de algo que crezca más rápido que las catorce mil nuevas infecciones diarias, y la iglesia llena ese requisito. La iglesia ha existido por casi dos mil años, así que con certeza no es un movimiento que ha surgido de la noche a la mañana. Tiene un historial comprobado de cuidar a los enfermos, ayudar a los pobres y conducir a la gente a Jesucristo. Jesús mismo nos mandó a que vayamos al mundo y hagamos su obra (véanse Mateo 28:19-20; Juan 17:18); no hay ninguna autorización más fuerte que esa. La iglesia ofrece el amor como motivación para todo lo que hacemos; el llamado más alto en nuestras vidas es amar como Jesús amó (véase Juan 15:12-13). Los gobiernos y el sector privado no pueden amar en el nombre de Jesús; solo los cristianos pueden hacer eso.

Luego de cinco años de viajes internacionales abogando en cuanto al VIH y el SIDA, he descubierto en mis interacciones con los dirigentes

---

* Kibuye, Ruanda, Iglesia Saddleback, diciembre del 2006. Información del Instituto Nacional de Estadísticas de Ruanda.

de numerosos países que, aunque muchos empleados de los gobiernos son buenas personas, la esperanza duradera no se halla en los gobiernos. También he tenido la oportunidad de interactuar con algunos de los más influyentes hombres y mujeres de los negocios, y repito, aunque muchos son personas geniales y de gran calidad, la esperanza no se halla en el sector privado. La esperanza para un cambio social sustentable y duradero se halla primordialmente en la iglesia de Jesucristo. Los gobiernos, los regímenes, los imperios, los políticos y las legislaciones vienen y van; en el esquema global de las cosas nada dura mucho tiempo. Los negocios se amplían, se reducen, prosperan, declinan y cambian de dirección y enfoque; hay poca estabilidad que cuente a la larga. Sin embargo, la iglesia de Jesucristo es única, y tiene la única posibilidad concreta de cambio para individuos y las sociedades.

Reconozco la enormidad de lo que estoy diciendo. Dolorosamente me doy cuenta de los pecados de los que han formado parte de la iglesia a través de los siglos: la injusticia y el mal, los crímenes, las violaciones, las guerras, los robos, las mentiras y el sufrimiento perpetrado en el nombre de Dios. Podría hablar durante días de los pecados y debilidades de mis hermanos y hermanas evangélicos que he oído apenas en los últimos pocos años. Estoy incluso más consciente de mi propio fracaso como persona que aduce ser seguidora de Cristo. ¿De qué otra manera podría explicar mi ausencia de la batalla contra el SIDA durante los primeros veinte años? La verdad sea dicha, somos un lote bastante lastimero. Si usted hace un inventario, va a tener mucha dificultad para hallar una sola persona completamente íntegra y saludable en toda la manada. Así que, ¿por qué iba yo a poner mi fe en tal desarrapada pandilla de perdedores?

Porque Dios la pone.

Por extraño que suene, Dios ha puesto todos sus «huevos» en una sola canasta, que es su iglesia. ¡No tiene ninguna otra canasta! Su estrategia siempre ha sido obrar por medio de su pueblo; primero le recordó al pueblo de Israel que habían sido bendecidos para que fueran una bendición para otros, y les dio instrucciones específicas sobre cómo atender a los que la pobreza, la enfermedad y la injusticia dejaban vulnerables (véanse Éxodo 22:22; 23:11; Levítico 19:15; Deuteronomio 24:17-19). Jesús claramente instruyó a sus seguidores para que hicieran lo que él hizo: cosas tales como predicar, enseñar y sanar (Mateo 10:8; 25:36-44; Lucas 9:2; 12:33). Los escritos de los apóstoles Pablo y Santiago definen todavía más lo que la iglesia debe ser y hacer según fue establecida:

Ayuden a los hermanos necesitados. Practiquen la hospitalidad.

Romanos 12:13

Mándales que hagan el bien, que sean ricos en buenas obras, y generosos, dispuestos a compartir lo que tienen.

1 Timoteo 6:18

La religión pura y sin mancha delante de Dios nuestro Padre es ésta: atender a los huérfanos y a las viudas en sus aflicciones, y conservarse limpio de la corrupción del mundo.

Santiago 1:27

A través de los siglos, la iglesia ha marchado al frente en el cuidado de las personas de una manera integral, atendiendo las necesidades tanto del cuerpo como del alma.

Rick y yo visitamos el Castillo de Nottingham en Nottingham, Inglaterra, hace unos años. En el sótano de este inmenso y todavía imponente castillo, vimos un diorama que muestra la vida en la Edad Media. Nos entusiasmó descubrir una escena de una catedral en el centro de una ciudad a la que estaban entrando los cojos, pobres y necesitados. Escrito junto al gráfico estaban las palabras: «La iglesia ejercía su influencia en la vida desde la cuna hasta la tumba. La mayoría de los días festivos eran festividades religiosas. Las iglesias parroquiales eran el centro de la vida de la comunidad. El tamaño de los templos tenía el propósito de que se los usara para las reuniones públicas. La iglesia también ayudaba a los pobres y proveía educación y hospitales».

¡Lo que estoy sugiriendo no es nada nuevo! Hace mil años a la iglesia se le conocía por eso, y por eso se le debe conocer hoy. Dios ha comisionado a los que están en su familia eterna para que representen sus manos y pies en el mundo, para que sean su voz de amor, para decir la verdad, actuar con justicia, combatir el mal y hacer el bien. Nuestra tarea es hacer retroceder a la oscuridad que encierra y ser la luz de Dios en un mundo desesperadamente oscuro. Nuestra misión es cuidar a los enfermos, las viudas, los huérfanos… y sanar en el nombre de Jesús. Debemos predicar las buenas noticias de salvación y discipular a las naciones, llevando a todos a una comunión con él y los unos con los otros. El Señor de todo nos llama a vivir vidas de amor, misericordia y gracia, haciendo de esta manera visible al Dios invisible. No es cuestión de lo uno o lo otro; debemos atender tanto el cuerpo como el alma. Somos embajadores de Cristo. Si fracasamos, él no tiene un plan B.

Con los ojos abiertos de par en par a las inconsistencias, errores, e incluso pecados de todos nosotros que somos parte de la iglesia de Cristo, todavía yo abrazo a su iglesia con todo mi corazón. ¿A dónde más podría ir? ¿Qué otra familia, hogar o país durará hasta la eternidad? Ninguno, sino su iglesia. ¿Qué otra institución tiene el poder del Dios todopoderoso asociado a ella? Ninguna, sino la iglesia. ¿Qué otros propósitos sino los suyos tienen el poder de inspirar a hombres, mujeres y niños a sacrificar todo lo que tienen para que otros puedan hallar sanidad, ayuda y salvación? No hay ninguno. Nada es más hermoso que el cuerpo de Cristo: cada creyente conectado a Cristo y unos con otros, poniendo en práctica los propósitos de Dios en su rincón del mundo.

En *El retorno del rey*, de J. R. R. Tolkien, los diminutos hobbits unen sus brazos unos con otros y enfrentan su destino. No marchan solos al fragor de la batalla. Este cuadro de unos amigos uniendo sus corazones, lealtades y destrezas en procura de un propósito común capta la esencia de la naturaleza de nuestro llamado. No avanzamos solos. Dios nos ha dado los unos a los otros por medio de una familia eterna llamada su iglesia, para que de este modo no enfrentemos la vida como individuos solitarios. No atacamos las situaciones imposibles librados a nuestros esfuerzos. Nunca tenemos que preocuparnos de que cuando contestemos a su llamado quedaremos abandonados sin un sistema de apoyo que nos sostenga. No vamos a enfrentar a los Goliats globales armados solo con nuestra honda personal. Nos movemos como manada, como soldados del mismo batallón, como jugadores de equipo que juegan para el mismo bando, como músicos de la misma orquesta, como pájaros de la misma bandada, como hermanos y hermanos de la misma familia.

¡En la iglesia de Jesucristo se necesitan tanto a los fuertes como a los débiles! En una jauría de animales no todo animal tiene la misma fuerza o capacidad. Todo soldado de un batallón no está igualmente equipado o capacitado para pelear. Los compañeros de equipo a menudo tienen variados niveles de destreza. Las orquestas tienen una «primera silla» para varios instrumentos porque el talento musical y la experiencia varían. En una bandada, el pájaro más fuerte dirige a los más débiles. Todos saben que los hermanos y las hermanas son un diverso conglomerado de talentos, apariencias, capacidades, fortalezas y debilidades. De modo típico, los miembros más jóvenes y los más viejos son los que corren más riesgo de daño o lesión. No obstante, en toda ilustración, es la responsabilidad del más fuerte valorar y proteger a los miembros más débiles y vulnerables, y asegurarse de que estos últimos no se pierdan.

Por cierto, Dietrich Bonhoeffer, el pastor luterano que murió como mártir a manos de Adolfo Hitler, avanza más lejos como para exponer esta audaz conclusión:

> En una comunidad cristiana todo depende de si todo individuo es un eslabón indispensable en una cadena. Solo cuando incluso el eslabón más pequeño está entrelazado con seguridad, la cadena es irrompible ... Toda comunidad cristiana debe darse cuenta de que no solo los débiles necesitan a los fuertes, sino de que también los fuertes no pueden existir sin los débiles. La eliminación de los débiles significa la muerte de la comunidad.[16]

Sin Dios y su iglesia, son factibles pocos cambios duraderos. Con Dios y su iglesia casi todo es posible. ¿Unirá usted sus brazos conmigo y millones de otras personas, débiles y fuertes, y se comprometerá a luchar contra la perdición espiritual, el liderazgo corrupto, la pobreza extrema, las enfermedades pandémicas y el analfabetismo paralizante por medio de las iglesias locales? Bonhoeffer dijo una verdad poderosa cuando declaró: «La iglesia es ella en verdad solo cuando existe para la humanidad».[17] ¿Se unirá usted a la fuerza más grande de cambio en nuestro planeta?

Entrega

¿Va usted a comprometerse a desempeñar su parte en el cuerpo de Cristo, su iglesia, como la esperanza del mundo?

Padre, admito que no siempre le he dado mi respaldo entusiasta a tu iglesia; es más, con frecuencia me he avergonzado por los fracasos públicos y las declaraciones risibles de los que aducen representarte. Hasta este punto, no he estado dispuesto a ver el potencial para el cambio social y personal que puede tener lugar si yo y otros creyentes en Jesucristo unimos los brazos y determinamos luchar contra los Goliats globales mediante las iglesias locales. He puesto mi esperanza para el cambio en instituciones temporales que no durarán en lugar de ponerlo en tu iglesia, que continuará hasta la eternidad. Quiero ser una parte para cambiar mi mundo, empezando hoy. Por favor, úsame de la manera que consideres apropiada.

Para empezar

- Abogue en forma positiva por su propia iglesia local, hablando bien de ella a pesar de sus limitaciones. Si tiene un compañero de lectura, conversen sobre varias maneras de movilizar a su iglesia a la acción.
- Demuestre que Dios está primero en su vida adoptando el hábito de dar el diez por ciento de sus ingresos como diezmo en la iglesia local a la que asiste.
- Baje «Guidelines for Giving» [Lineamientos para dar] en www.kaywarren.com.

CAPÍTULO 11

Alguien puede morir hoy

No teman a los que matan el cuerpo pero no pueden matar el alma. Teman más bien al que puede destruir alma y cuerpo en el infierno.

Mateo 10:28

No es ningún necio el que da lo que no puede guardar para ganar lo que no puede perder.

Jaime Elliot, *The Journals of Jim Elliot*

EL TRANQUILO AMANECER ERA TAN PACÍFICO QUE NI SIQUIERA LAS GAVIOTAS SE habían despertado. Rick y yo estábamos de vacaciones y pasábamos nuestros días sin ninguna prisa. Esa mañana nos encontrábamos sentados uno al lado del otro en el porche, leyendo las noticias de la mañana en nuestras computadoras portátiles. De pronto exclamé: «¡Ay, Rick, mataron a tres misioneros estadounidenses esta mañana en Yemen!» No conocía a esos misioneros, pero sus muertes me golpearon duro, lo sentí como algo muy personal. El retrato Polaroid de la voluntad de Dios para mí estaba haciéndose cada día más claro, y yo estaba en las etapas del planeamiento de mi primer viaje a África. Así que oír de esos asesinatos el 30 de diciembre del 2002, hizo que me percatara de que había mucho en juego. ¿Estaba dispuesta a sacrificar tanto como ellos por amor a Jesús? Eché mano de mi diario.

> Tuve noticias esta mañana de tres misioneros médicos bautistas del sur muertos a tiros en Yemen. Mi mente es un torbellino de pensamientos y emociones, mayormente de tristeza por sus familias, por el dolor de perder a sus seres queridos de un modo tan brutal. De una extraña manera, fueron bendecidos con una muerte rápida: ni tortura, ni maltrato, ni espera en reclusión por su liberación, ni sufrimiento... ¡sino solo un paso instantáneo a la presencia del Padre! En ese sentido, puede haber gozo. ¿No es

esa nuestra meta suprema de todas maneras, verle cara a cara? Fue una sorpresa. Ninguno de ellos se levantó por la mañana y dijo: «Voy a morir hoy», así que debe haber sido impresionante darse cuenta de que sus momentos finales en la tierra habían llegado. Sin embargo, estos médicos estaban sirviendo en uno de los escenarios más hostiles, un lugar en el que se odia a los estadounidenses y los cristianos. A sabiendas servían a gran riesgo personal, y deben haber contado el costo una y otra vez, decidiendo que el llamado valía el precio. Admiro la ofrenda sacrificial de sus propias vidas a Dios, haciéndose eco de la reina Ester, que dijo: «Si perezco, que perezca». Ellos no solo profesaron su disposición a dar todo lo que tenían por causa del evangelio, sino que la pusieron en práctica.

Padre, al meditar en lo que tienes para mí en los años venideros, yo también estoy dispuesta a dar mi vida si eso hace regresar a ti a tus hijos perdidos. Si con mi muerte el «camino de Jesús» se hace más claro en las mentes de los confundidos por los reclamos de dioses falsos, mi vida es tuya.

Entregarse a Dios cuesta; decir que si inequívocamente sin reservas, sin condiciones, sin cláusulas de escape, tiene un precio. Estar dispuesta a decir: «Lo que sea que se requiera», y decirlo en serio, es peligroso. Como mínimo, entregarse usted mismo a «lo que sea que se requiera» quiere decir morir a sí mismo y a la ambición egoísta, y en el caso más extremo puede significar entregar su propia vida. Para la mayoría de nosotros, morir por causa de Jesús no es algo que se nos pedirá, pero en lo más hondo de nuestra alma debemos llegar al punto en el que estemos *dispuestos* a morir si eso sirve a los propósitos de Dios.

He oído decir toda mi vida: el lugar más seguro del mundo es el centro de la voluntad de Dios. Comprendo el espíritu de esas palabras, y probablemente usted también, pero me pregunto si alguna vez reconoceremos que es además el lugar más peligroso en el cual estar. Mientras Jesús oraba en el huerto e Getsemaní antes de que Judas lo traicionara, el aungustiado sí del Salvador a Dios demostró que él sabía *exactamente* las implicaciones de su entrega peligrosa. Jesús estaba en el centro de la voluntad de Dios cuando ella lo llevó a la cruz de la ejecución.

Es posible vivir una vida «segura» como creyente —sin jamás en realidad desarrollar una fe resistente que esté dispuesta a correr riesgos por amor a Jesús— pero vivir en una burbuja protectora no cambiará el mundo. Como Dietrich Bonhoeffer dijo: «Cuando Cristo [nos] llama, él [nos] llama a venir y morir»[18]

Mi primer viaje a África en marzo del 2003, a Mozambique, fue en vísperas de la guerra en Irak. En los Estados Unidos se hablaba de guerra y tropas siendo desplegadas, y el nivel de riesgo de caer en el terror se catalogaba como rojo: el nivel más alto. Yo batallaba una y otra vez en mi mente en cuanto a si posponer mi viaje. No me gusta volar en las mejores de las circunstancias, y volar a un lugar tan distante con la sombra del 11 de septiembre del 2001 todavía fresca en mi mente me daba abundantes razones para estar nerviosa y preocupada. Rick me ofrecía su respaldo, pero el resto de mi familia y amigos se preocupaba por mi seguridad. Al fin, fueron las palabras de la reina Ester: «¡Y si perezco, que perezca!» (Ester 4:16) las que me ayudaron a decidirme. Su intrépido abandono a la voluntad de Dios me dio el valor para realizar el viaje según estaba planeado.

Cuando me desperté la primera mañana en Mozambique, titulares en letras de cinco centímetros en el periódico confirmaban que los Estados Unidos estaban en guerra. Me sentía vulnerable de todas maneras, pero estaba consciente de que me encontraba separada de mi familia, mi casa y mi país en un momento precario de la historia. Era un sacrificio que había estado dispuesta a hacer, y eso me permitió ampliar mi confianza en el cuidado de Dios hacia mí, incluso en una situación posiblemente peligrosa.

La entrega peligrosa es exactamente eso: *peligrosa*.

Disciplina, sacrificio, costo

Somos muy débiles; en realidad, lo somos. El vivir en una nación sofisticada y desarrollada en donde la vida está llena de comodidades y conveniencias ha debilitado nuestro carácter y nuestra resolución. A menudo buscamos la manera fácil de escapar de las situaciones retadoras e incluso nos enorgullecemos de hacer lo mínimo requerido; apenas lo suficiente para ir pasando. Disciplina, sacrificio, costo… estos no son conceptos populares.

¿Cuando fue la última vez que usted leyó un artículo de revista que tratara sobre cómo crecer en el sacrificio personal? Casi la única ocasión en que estamos dispuestos a disciplinarnos, sacrificarnos, o pagar un precio, es cuando obtenemos un beneficio para nosotros mismos; cuando esto nos ayuda a conseguir una meta que nos importa. Seguimos esperando que podremos lograr algo por nada. Nos aferramos a la fantasía de que seguir a Jesús no nos costará nada.

¡Ni en sueños!

¿Recuerda los grandes ejemplos de los héroes de la fe peligrosamente entregados en la carta a los Hebreos?

¿Qué más voy a decir? Me faltaría tiempo para hablar de Gedeón, Barac, Sansón, Jefté, David, Samuel y los profetas, los cuales por la fe conquistaron reinos, hicieron justicia y alcanzaron lo prometido; cerraron bocas de leones, apagaron la furia de las llamas y escaparon del filo de la espada; sacaron fuerzas de flaqueza; se mostraron valientes en la guerra y pusieron en fuga a ejércitos extranjeros. Hubo mujeres que por la resurrección recobraron a sus muertos. Otros, en cambio, fueron muertos a golpes, pues para alcanzar una mejor resurrección no aceptaron que los pusieran en libertad. Otros sufrieron la prueba de burlas y azotes, e incluso de cadenas y cárceles. Fueron apedreados, aserrados por la mitad, asesinados a filo de espada. Anduvieron fugitivos de aquí para allá, cubiertos de pieles de oveja y de cabra, pasando necesidades, afligidos y maltratados. ¡El mundo no merecía gente así! Anduvieron sin rumbo por desiertos y montañas, por cuevas y cavernas.

Aunque todos obtuvieron un testimonio favorable mediante la fe, ninguno de ellos vio el cumplimiento de la promesa. Esto sucedió para que ellos no llegaran a la meta sin nosotros, pues Dios nos había preparado algo mejor.

Hebreos 11:32-40

Los valientes individuos mencionados en este pasaje fueron atacados por leones, torturados, escarnecidos, azotados, encadenados en mazmorras, apedreados hasta la muerte, aserrados por la mitad, traspasados con espadas, obligados a sufrir hambre, oprimidos y maltratados. Muchos anduvieron deambulando sin ningún hogar permanente, a menudo recurriendo a esconderse en cuevas o agujeros en el suelo. A través de los siglos otros como ellos han preferido la tortura y la muerte a traicionar a Jesús. De ellos todavía los hay. Tres mártires de los días modernos fueron horriblemente mutilados antes de que los mataran en Turquía hace poco, simplemente porque habían escogido a Jesús como su Salvador. Seguir a Jesús no es algo que viene sin un precio.

La mayoría de nosotros tiembla con temor cuando oímos los relatos de los que mueren como mártires por su fe; sé que yo lo hago. La verdad es que Dios no nos pide a la mayoría de nosotros que paguemos ese precio. La mayor parte de sus seguidores es llamada a pagar un precio mucho más pequeño, aunque cada punto de la entrega puede a veces convertirse en un alto drama mientras batallamos con Dios: «No, Dios; no me pidas que te entregue eso. No puedo. No quiero. Por favor, no me pidas *eso*». A menudo seguimos orando, seguimos buscando, sabiendo con certeza que a fin de permanecer en una conversación íntima con él, *eso* mismo es lo que necesitamos entregar.

A veces debemos rendir algo tan ordinario o común como nuestras relaciones personales. Tengo que ser sincera: entregarle a Dios todo lo que somos no siempre conduce a unas relaciones personales pacíficas. Al principio mis hijos se mostraron tolerantes en cuanto a mis excursiones al mundo para abogar por las personas con VIH porque me querían y deseaban que hiciera lo que me sentía llamada a hacer. Ellos mismos son adultos jóvenes generosos y compasivos. Sin embargo, poco a poco afloró la tensión y el conflicto.

Durante todos los años en que nuestros hijos estaban creciendo, nuestra familia escogió un estilo de vida más sencillo para que yo pudiera estar en casa con ellos. Por un tiempo cuidé a mis hijos en casa, y en cierto tiempo planchaba ropa para otros a fin de no tener que trabajar fuera del hogar. Participaba bastante en el ministerio de la iglesia Saddleback pero siempre estaba disponible para mis hijos, incluso después que llegaron a la edad adulta. Ahora, en esta nueva etapa de mi vida, el hecho de que mi mundo se ampliara de repente y desempeñara un papel activo abogando en cuanto al VIH y el SIDA, nos tomó por sorpresa a todos nosotros.

Mi vida cambió ante nuestros ojos. Esto empezó simplemente con un interés por las personas con VIH y SIDA. Conforme ese ministerio crecía, empecé a trabajar fuera de casa y al poco tiempo nos mudamos a un edificio de oficinas. Al principio trabajaba parte del tiempo, pero a los pocos meses estaba trabajando a tiempo completo por primera vez en veinticinco años. Pronto me encontré llevando a cabo viajes internacionales y participaba cada vez menos en los ministerios diarios de nuestra iglesia. Rick siempre me había dicho que algún día Dios me usaría de maneras que ni siquiera imaginaba, pero cuando eso empezó a suceder, los cambios produjeron mucha incomodidad para todos nosotros. Ya no era la misma persona. Había ocasiones en que mis hijos sentían como si ya no me conocieran.

Este ha sido un tiempo doloroso para todos. Hemos pasado horas y horas conversando y escuchando los temores, las preocupaciones, las ansiedades e incluso la aflicción de cada uno de nosotros. Mi preciosa hija, Amy, estaba en una etapa de la vida en la que estaba teniendo sus propios hijos, y deseaba que estuviera cerca para compartir esas experiencias a diario. Ella estaba acostumbrada a que yo estuviera siempre disponible. Un día me derramó su corazón y dijo: «Te echo de menos, mamá. Veo a otras abuelas yendo al parque con sus nietos todas las semanas; están listas para ir a almorzar con sus hijas de improviso, salen juntas de compras, pasan tiempo juntas, y yo quiero eso para nosotras. Tengo que dejar a un lado mis expectativas de ti, y eso me duele».

Incluso el escribir estas palabras no puedo evitar llorar. Adoro a mis hijos y nietos tan profundamente que en realidad esto me duele. ¿Quién no va a querer pasar enormes cantidades de tiempo con sus hijos ya crecidos y sus nietos, en especial si ellos quieren estar con nosotros? Mis hijos son también algunos de mis mejores amigos. Mis nietos ocupan un lugar especial en mi corazón, y mi amor por ellos es intenso.

Al mismo tiempo…

La realidad de los niños sin madres y padres en nuestro mundo también me perfora el corazón. Pienso en lo trágico que habría sido si mis tres hijos hubieran crecido sin padres. Cuando preparo el almuerzo para mi nieta Kaylie, a veces no puedo dejar de sufrir por los millones de niños que rebuscan en los basureros algunas migajas para comer. Al abrazar a la pequeña Cassidy mientras se queda dormida, a veces oigo los gritos frenéticos de los bebés abandonados junto a una carretera o en un potrero. Siento la desesperanza y la desesperación de los niños que deambulan por las calles de las ciudades del mundo. Veo las caras de las niñitas ultrajadas rescatadas de la prostitución infantil perversa. Todavía puedo sentir el calor del cuerpecito de tres años de la huérfana Nisende junto al mío. Todo lo que quiero es que los niños del mundo tengan lo que mis queridos nietos tienen. Así que debo preguntarme a mí misma: «Si *yo* no hablo por ellos, ¿quién va a hablar? Si *yo* no soy una madre para ellos, ¿quién lo será?» Con certeza Dios puede capacitarnos para que cuidemos tanto a nuestras propias familias como a los que no tienen familia.

Las caras de hombres y mujeres VIH positivos que he conocido interrumpen mi sueño noche tras noche. Recuerdo el cuerpo esquelético de Joanna debajo del árbol. Me estremezco al oír la penetrante pregunta de Flora: «¿Quién va a cuidar a mis hijos cuando yo me muera?» Pienso en Alberto, de Santa Ana, California, que tenía SIDA y vivió en el patio de un pariente debido a la enfermedad. Siento la vulnerabilidad de Don, que expresaba su esperanza de no morir solo. Recuerdo la Cumbre Global de SIDA y la iglesia en donde abracé el cuerpo tembloroso de Barb, una amiga VIH positiva, mientras ella lloraba con alegría, sabiendo que los cristianos la habían aceptado. Puedo ver la luz aflorando a los ojos de David, mi amigo activista de SIDA, al experimentar el amor de Jesucristo por primera vez.

Estas son las personas que me han cambiado para siempre. Son las que me han impulsado a avanzar más allá de mi vida cómoda para abrazar una más peligrosa. Es una vida no desprovista de alegría y placer, pero también es una vida que ya no puede esperar que algún otro responda al llamado de Dios para interesarse. No soy la misma persona que era hace cinco años; mi vida en realidad es una historia de «antes» y «después».

La vida «después»

No queda mucho de mi vida de «antes». No tengo mucho tiempo ahora para mantener mi casa pulcra y preparar maravillosas comidas para mi esposo y mi hijo que todavía está en casa. A menudo todo lo que tenemos en mi hogar son cajas de macarrón con queso y bananas, o bastantes cenas de dieta en el congelador. La ropa sucia se acumula; pero es solo la mía, porque Rick y Matthew ahora lavan la de ellos. No podía haber vivido de esta manera antes en mi vida; no se puede criar hijos con padres ausentes, anaqueles vacíos y ropa sucia. He dejado casi por completo de leer el periódico, aunque hojeo numerosas revistas y leo las noticias en la Internet. Rick y yo cultivamos de forma muy intencional nuestra relación personal; nuestras vidas atareadas podrían llevarnos con facilidad en direcciones separadas (en ocasiones lo han hecho), resultando en una reducción de la intimidad del uno con el otro. Tenemos que separar tiempo de modo deliberado para estar juntos. También tengo que ser más cuidadosa en todas mis relaciones personales: hijos, padres, hermanos y amigos. El tiempo que solía pasar con mis amigas ahora tengo que dedicarlo a las relaciones de negocios y el ministerio. Algunas de mis amigas se han desilusionado porque no puedo cultivar la amistad como solía hacerlo antes; a mí también me duele esto porque las quiero. Mi compromiso con mi grupo pequeño de otras tres parejas que me han ayudado a recorrer toda mi transformación sigue fuerte. En tanto que mi tiempo global para las relaciones personales se ha reducido, estoy más dispuesta que nunca a que nuestro grupo pequeño diga la verdad sobre mi vida y me exija cuentas del crecimiento y la madurez personal.

Nuestra congregación y el personal de la iglesia han tenido que ajustarse a mi papel muy visible de promoción del plan PEACE y al ministerio del VIH y el SIDA. Conforme Saddleback crecía con los años, dirigí el ministerio femenino y serví en el ministerio a los nuevos miembros, el ministerio universitario, y por último en nuestro ministerio a las esposas de pastores. En cada caso, Dios a la larga me condujo a entregarles ese ministerio a otros. Ahora mi enfoque es mucho más estrecho conforme mis energías apuntan como un rayo láser a erradicar el VIH y el SIDA.

He limitado los lugares a los cuales viajo y hablo. A menos que los planificadores del evento quieran que hable con relación al VIH, el SIDA y el papel de la iglesia en cuanto a llamar a hombres y mujeres a cuidar de manera integral a las personas, por lo general no acepto la invitación.

Mi voz se ha vuelto más fuerte. Me siento más cómoda usando mis dones proféticos que llaman a las personas al arrepentimiento y la transformación. Hacerlo así me ha llevado a ser blanco del escrutinio y la crítica del público. A través de los años como esposa de Rick rara vez recibía una crítica personal de los de afuera. La iglesia Saddleback y Rick han recibido ataques personales desde el principio, pero me afectaron solo a distancia. Muchas de las críticas en cuanto a la iglesia eran dolorosas para mí, pero no era acercan de *mí*.

Ahora soy un blanco personalmente. He tenido que engrosar mi piel mientras permito que mi corazón se ablande más. Hay personas en ambos lados de la actitud hacia el VIH a las que no les caigo bien. Algunos que están desde el punto de vista ideológico en la «extrema derecha» hallan mis esfuerzos no bíblicos y equivocados; otros piensan que soy una necia de corazón blando. Algunos de la «extrema izquierda» me hallan homofóbica e ignorante, y no ven bien mis esfuerzos. Una persona herida incluso me escribió un correo electrónico que contenía estas crueles palabras: «¡Ojalá se hubiera muerto del cáncer de seno!» Son palabras que apuñalan, que aturden; pero no peor que las horribles experiencias de hombres y mujeres homosexuales que a través de los años, en su mayor parte proveniente de labios de personas cristianas, han oído el insulto: «¡Muérete, marica!» De repente estoy en el extremo receptor de esas palabras crueles que hieren. Y para alguien que siempre ha sido muy sensible a la crítica, esto ha resultado doloroso y un tiempo de necesario crecimiento hacia la madurez y la resistencia. Ya no puedo preocuparme por lo que otros piensen de mí. Si lo hago, quedaré inválida.

Grandes ganancias

Sí, hay un costo asociado con la entrega peligrosa, pero también han existido ganancias: ganancias positivas que han ahondado mi carácter, aguzado mis destrezas y fortalecido mi fe. He enfrentado los temores de hablar en público y el hábito arraigado durante décadas de comparar mis talentos con los de Rick. Soy más flexible y estoy más relajada en cuanto a lo que necesito de antemano con respecto a todo: planes, detalles, información sobre la conferencia, y cómo lo estoy haciendo. Estoy creciendo en mi nivel de comodidad en los ambientes sociales. Me siento impresionada porque la simplona introvertida que siempre buscaba la palma en la maceta en un rincón y una persona con la que hablar toda la noche, ahora conversa con personas prominentes con más facilidad de la que jamás imaginé posible.

La entrega peligrosa ha significado que tengo significativamente menos temores en cuanto a los gérmenes o a enfermarme al tocar y abrazar a los enfermos. Vuelo a todas partes, incluso con menos incomodidad cuando lo hago en aviones pequeños. Estoy dispuesta a correr más riesgos en toda esfera de mi vida. Ya sea que se trate de la seguridad física, la vulnerabilidad emocional, o la exploración espiritual de las preguntas difíciles de la vida, estoy más dispuesta a confiar en Dios. Me siento más dada a creer en Dios para los milagros, entregar el control y vivir con la ambigüedad y la incertidumbre. Me siento más cómoda con el misterio y las preguntas no contestadas, más confiada en la soberanía de Dios, más dependiente en Dios que nunca antes para obtener fuerzas, y sin embargo, también más confiada en mis propias capacidades y talentos. Estoy más dispuesta a considerar otros puntos de vista y a examinar la vida mediante un prisma diferente. Soy mucho más apasionada con relación a hacer que mi vida cuente. He adquirido un sentido de hermanamiento con el Dios todopoderoso —una intimidad con él que había anhelado mucho— y sé que mi corazón late con el suyo como nunca antes. Estos son los beneficios de la entrega peligrosa.

¿Valen la pena los sacrificios? ¿Lo volvería a hacer? Sí... oh, sí. No obstante, ¿ha traído asociado esto un costo? Mayor del que podía haber imaginado. ¿Vale la causa lo que cuesta? Sí. Al final del día, no abogo por las personas con el VIH simplemente por su beneficio; hago lo que hago por amor a Jesús. Debido a que soy de él y él es mío, anhelo entregarme a Cristo. Anhelo ser lo que él quiere que sea... amar lo que él ama, que me quebranten las mismas cosas que le rompen el corazón, ser sus manos y pies en el mundo. Anhelo derramarme a favor de los que sufren, aunque no es solo por ellos. Hago esto como una manera de amar a Jesús. Jesús los ama, así que yo voy a amarlos. Jesús es mi primer amor.

En el proceso de renunciar a la vida según la conocía y con la que me sentía cómoda y tomar una nueva vida que era desconocida e incómoda, Dios ha hecho de mi vida un milagro. La joven aterrada de que acabaría siendo común y promedio ha visto a Dios multiplicar lo poco que le había entregado con manos temblorosas, convirtiéndolo en pan para alimentar a otros. Él ha hecho todo lo que prometió. Lo ordinario es transformado en extraordinario, y lo mundano en milagroso, cuando se le entrega al Maestro. Él está haciendo de mi vida —y de la vida de aquellos cuyos relatos he contado— «pan y vino» que pueden proveer nutrición y esperanza para las almas que tienen hambre y sed espirituales.

En mí misma no tengo nada que ofrecer, pero Cristo *en* mí sí lo tiene. Él ha hecho de mi existencia una ofrenda sacramental mediante las heridas que he recibido en mi vida: el ultraje sexual, las conductas de pecado secreto que no podía controlar, el conflicto marital, dos encontrones con el cáncer, y otras heridas que solo él conoce. La manera de Dios de prepararme para abogar por las personas con VIH ha incluido un viaje doloroso, y he protestado más veces de las que me acuerdo al pensar que no estaba a la altura de la tarea. Lo he acusado de modo erróneo de ser despreocupado e insensible con relación a mí. Y sin embargo, sin estas heridas no sería la persona que soy hoy. No habría «pan» ni «vino» que ofrecer a otro sin los dedos trituradores de Dios.

Justo cuando pienso que no puedo continuar ni un minuto más, Dios provee a otros viajeros en el camino que me animan y me dan un rápido empujón para seguir adelante. François Fénelon, Jaime y Elisabeth Elliot, Amy Carmichael, Henri Nouwen, Oswald Chambers y muchos otros cuyas vidas entregadas han nutrido mi alma y fortalecido mi resolución. Estas palabras de Chambers resumen muy bien el llamado de Dios para nuestras vidas:

> Nosotros hacemos planes para nuestra propia consagración espiritual, pero cuando arreglamos cuentas con Dios, él los hace a un lado y nos importuna con un dolor que es justo por una cosa con la cual nunca soñamos, y por un radiante momento relampagueante vemos lo que él se propone, y decimos: «Aquí estoy, envíame a mí».

Este llamado no tiene nada que ver con la santificación personal, sino con ser hechos pan partido y vino derramado. Dios nunca puede hacernos vino si rechazamos los dedos que él usa para triturarnos. ¡Si Dios usara solo sus propios dedos y me hiciera pan partido y vino derramado de una manera especial! Sin embargo, cuando él usa a alguien que nos disgusta, o algún conjunto de circunstancias a las cuales dijimos que nunca nos someteríamos, y hace de estos los trituradores, objetamos. Nunca debemos escoger la escena de nuestro propio martirio. A fin de ser hechos vino, tendremos que ser triturados; las uvas no se pueden beber. Las uvas se vuelven vino solo cuando son exprimidas.

Me pregunto qué clase de dedo índice y pulgar Dios ha estado usando para exprimirle y si usted ha sido como una bolita de cristal y se ha escapado. Usted no está maduro todavía, y si Dios le hubiera exprimido, el vino habría sido asombrosamente amargo. Ser una personalidad sacramental significa que los elementos de la vida natural cuentan con la presencia de Dios en ellos al ser partidos de forma providencial en su servicio. Tenemos que ajustarnos a Dios antes de que podamos ser un pan partido en sus manos. Debemos mantener la relación correcta con él y permitirle hacer lo que quiera, y hallaremos que Dios está produciendo la clase de pan y vino que beneficiará a sus otros hijos.[19]

¡Qué imagen tan maravillosa! Mi vida, en los dedos de Dios, puede llegar a ser pan y vino que brindan sustento a otros en la jornada. Demasiado a menudo soy como la persona que Chambers describe: retorciéndome para escaparme de los dedos de Dios a fin de evitar que me triture, y de ese modo perdiéndome de ser hecha el pan y el vino que sirven de alimento a otros. El trigo no puede ser hecho pan sin el molino. Las uvas nunca rendirán su dulzura sin el lagar. ¿Se ve reflejado usted mismo en esta descripción? ¿Ha estado evadiendo las manos de Dios? ¿Es para usted la causa digna del costo?

La causa vale el costo

Soy como una niñita pequeña cuando se trata de películas —nada de ciencia ficción, fantasía o películas de guerra para mí— pero de alguna manera el mundo metafórico presentado en la trilogía El Señor de los Anillos ha llegado a ser un favorito. Me encantan las historias de los pequeños y comunes hobbits —en realidad, más bien risibles— que son empujados hacia la máxima batalla entre el bien y el mal y el prometido retorno del rey. Mi corazón late a todo dar mientras los malvados galopan acercándose cada vez más a la princesa de los elfos, Arwen, mientras que ella valientemente trata de ganarles al galope, llevando en sus brazos al herido Frodo. Sonrío por las travesuras de Merry y Pippin, y me encanta verlos madurar mientras pasan de ser unos jóvenes despistados y despreocupados a convertirse en luchadores de experiencia. El alma torturada de Gollum me recuerda el conflicto interminable dentro de mí misma al vacilar entre el bien y el mal. Me conmueve la tierna amistad que crece entre Sam y Frodo, y la entrega sacrificial de Sam a favor de Frodo me anima de forma vívida a servir a mis amigos con la misma lealtad intensa.

El poder creciente del mal aumenta con rapidez, y poco a poco todo lo bueno del mundo es amenazado por Saruman y su grotesco ejército de orcs. En la tercera película, *El retorno del rey*, Aragorn, el mago Gandolf, los hobbits y las tropas integradas por los elfos, el mundo de los hombres, los enanos y otros, se quedan quietos, observando las fuerzas de Saruman. Saruman ha hecho gigantes malos —Uruk-hai— cruzando orcs con hombres. Las fuerzas del bien se evalúan a sí mismas y a los enemigos y se dan cuenta de que estos últimos les superan en un gran margen… tanto en guerreros como en armas. Aragorn observa los rostros de sus queridos compañeros; el rictus de sus mandíbulas revela la comprensión de que muchos de ellos morirán en este feroz encuentro. Con su espada levantada en alto por sobre su cabeza, Aragorn se vuelve hacia el gigantesco ejército del mal, lanza un rugido atronador de desafío, y empieza a correr hacia las fuerzas de la oscuridad. Sus compañeros corren al grito de batalla y se lanzan derecho a lo que con toda probabilidad será su ruina. Los cuerpos vuelan por todos lados; cuchillos, espadas y hachas cortan extremidades y cabezas… y antes de mucho el campo de batalla está sembrado con los heridos y los muertos.

¡Maravilla de maravillas, las fuerzas del bien prevalecen! La debilidad triunfa sobre la fortaleza en una victoria inesperada. Los hobbits, elfos y hombres jamás podían haber previsto que sus tropas inferiores en número harían retroceder al enemigo, lo cual hizo su disposición a sacrificarse incluso más noble. ¿Qué les hizo lanzarse a la batalla contra un enemigo más fuerte, sabiendo que con toda probabilidad morirían en el esfuerzo? ¿Por qué estuvieron dispuestos a arriesgarse a quedar mortalmente heridos? Creían que la causa valía el costo. Creyeron que sus esfuerzos —incluyendo la posibilidad de que pudieran morir— podrían dar paso al retorno de su rey.

Después de mi tercera dosis de quimioterapia, salí del hospital desalentada y descorazonada. Mi conteo sanguíneo así como mi espíritu estaban por los suelos. Era vulnerable a pescar una infección solo por estar alrededor de otras personas. Sin embargo, estaba tan cansada de estar aislada y alejada de la vida diaria que Rick propuso que fuéramos a una matiné a la que con probabilidad asistirían menos personas. Él quería ver *El retorno del rey* —que no era exactamente mi primera elección puesto que me sentía muy deprimida— pero estaba demasiado agotada como para sugerir alguna alternativa. Así que pocos días antes de Navidad, me dejé caer fatigada en la butaca del teatro. Antes de que pasara mucho tiempo me encontré atrapada en el poderoso drama que se desarrollaba en la pantalla. Lloré cuando Sam prometió llevar cargado a Frodo durante los últimos pasos de su subida al Monte Doom. Su tierna declaración: «No puedo llevar el anillo, señor Frodo, pero sí puedo llevarlo a usted», me recordó a mi familia y amigos que me estaban sosteniendo a través del cáncer. Lloré incluso más cuando los valientes soldados lucharon abriéndose paso entre las filas del ejército de maldad. Ellos exudaban fuerza y valor increíbles mientras se comprometían a no detenerse ante nada.

Durante todos mis tratamientos para el cáncer, muchos me elogiaban por ser fuerte y valiente. Sentada en la oscuridad de ese teatro, yo sabía que no era ni valiente ni fuerte; es más, la verdad era justo lo opuesto. Admito que estaba asustada hasta la muerte la mayor parte del tiempo. Sin embargo, por medio de la película —una historia de personajes comunes que se elevan a la altura de un enorme desafío y se vuelven disciplinados y capaces de llegar hasta el sacrificio— descubrí una historia que se volvió una metáfora de mi vida. Capté de nuevo una visión de por qué estoy haciendo lo que estoy haciendo y por qué se necesita una entrega peligrosa. Estos personajes de la película estaban dispuestos a sacrificar sus agendas y planes para librar una batalla contra el mal; y yo también. Estaban dispuestos a dar sus vidas por sus amigos; y yo también. Estaban dispuestos a entregar todo lo que era precioso para ellos si eso pudiera acelerar el retorno de su rey; y yo también. No sé cuándo Jesucristo va a volver, pero él es mi Rey. Le serviré de cualquier manera que me pida a fin de acelerar su retorno; él es el único que puede, de una vez por todas, arreglar lo que está roto en nuestro mundo destrozado.

El costo es alto… más alto de lo que esperamos. No obstante, entregarle a él nuestras vidas y estar dispuestos a pagar el alto precio establece la certeza de que la justicia al final correrá como un río… ¡que toda lágrima se limpiará, la misericordia triunfará sobre el castigo, los huérfanos tendrán familias, esos cuerpos frágiles que se enferman conocerán la salud y el amor triunfará!

El llamado *definitivamente* vale el costo.

Concluí en mi diario mi reflexión correspondiente al 30 de diciembre del 2002 —el día en que tres cristianos fueron asesinados como mártires por su fe— con estas palabras escritas por John Baillie como oración matutina para el día veintisiete de cada mes:

> *Por el poder de su cruz en la historia del mundo desde que él vino:*
> *Por todos los que han tomado su cruz y le han seguido:*
> *Por el noble ejército de mártires y por todos los que están dispuestos a morir para que otros puedan vivir:*
> *Por todo el sufrimiento escogido voluntariamente por fines nobles, por el dolor que se soporta con valentía, por las tristezas temporales que han sido usadas para edificar los gozos eternos:*
> *Alabo y bendigo tu santo nombre.*[20]

¿Está usted dispuesto a ser perturbado? ¿Está dispuesto a ser arruinado? ¿Está dispuesto a entregarse de forma peligrosa? ¿Va usted a exponer el mal y oponerse a él dondequiera que le halle? ¿Se unirá a la batalla? ¿Hará visible al Dios invisible siendo sus manos y pies en este mundo quebrantado, haciendo el bien? ¿Unirá sus brazos con los míos y los de millones de otros que están dedicados a perseguir a los Goliats globales mediante la iglesia local? ¿Se entregará a sí mismo a los dedos de amor de Dios para llegar a ser un pan partido y un vino derramado que puedan ministrar vida a las almas que tienen sed y hambre espiritual? ¿Está dispuesto a arriesgarlo todo por amor a Jesús? ¿Le dirá que sí a Dios?

Si es así, su mundo espera…

❧ Entrega ❧

¿Arriesgará usted su vida y todo lo que considera preciado por causa del reino de Dios?

166

Dios, no estoy muy seguro de ser lo suficiente fuerte, valiente o disciplinado para pagar el precio necesario para ver que tu reino venga. Me he vuelto ocioso, buscando por lo general una manera de escaparme de la dificultad antes que de hacerle frente. ¿Pudieras recordarme hoy que la causa vale cualquier costo que pudiera tener que pagar? Estoy dispuesto a creer que tú eres el que recompensa a los que te buscan, y puedo esperar que aunque tal vez se me pida dar algo que considero precioso, también ganaré algo de valor infinito. Estoy dispuesto a arriesgarlo todo por ti.

Para empezar

- Pase algún tiempo reflexionando en las maneras en que Dios ha cambiado su mente, corazón y actitudes al leer *Una entrega peligrosa*. Si tiene un compañero de lectura, conversen sobre algunas de estas reflexiones la próxima vez que se reúnan.
- Ore ahora mismo por sus hermanos y hermanas de la familia de Dios que están siendo perseguidos por su consagración a Jesucristo.
- Oiga el mensaje de Rick y Kay Warren: «The Global PEACE Plan» [El plan global PAZ], y el mensaje de Kay: «Your Next Steps» [Sus próximos pasos], en www. kaywarren.com.

Para mayor investigación

Capítulos 1-3

Libros

The AWAKE Project, Second Edition: Uniting Against the African AIDS Crisis, Nelson, Nashville, 2002.

Behrman, Grez, *The Invisible People: How the U.S. Has Slept Through the Global AIDS Pandemic, the Greatest Humanitarian Catastrophe of Our Time*, Free Press, New York, 2004.

Bourke, Dale Hanson, *The Skeptic's Guide to the Global AIDS Crisis*, segunda edición, Authentic, Tyrone, Ga., 2006.

Claiborne, Shane, *The Irresistible Revolution: Living as an Ordinary Radical*, Zondervan, Grand Rapids, 2006.

Easterly, William, *The White Man's Burden*, Penguin, New York, 2006.

Garland, C. Jean, *AIDS Is Real and It's in Our Church*, Africa Textbooks, Bukuru, Nigeria, 2005.

Hiebert, Paul G, *Anthropological Reflections on Missiological Issues*, Baker, Grand Rapids, 1994.

Kidder, Tracy, *Mountains beyond Mountains: The Quest of Dr. Paul Farmer, a Man Who Would Cure the World*, Random House, New York, 2004.

Lewis, Stephen, *Race against Time: Searching for Hope in AIDS Ravaged Africa*, segunda edición, House of Anansi Press, Toronto, 2006.

Long, Meredith y Deborah Dortzbach, *The AIDS Crisis: What We Can Do*, InterVarsity, Downers Grove, Ill., 2006.

Meredith, Martin, *The Fate of Africa: From the Hopes of Freedom to the Heart of Despair*, Public Affairs New York, 2005.

Plass, Adrian y Bridget Plass, *The Son of God Is Dancing: A Message of Hope*. STL/Authentic, Waynesboro, Ga., 2005.

Shilts, Randy, *And the Band Played On: Politics, People, and the AIDS Epidemic*, Stonewall Inn Editions, New York, 2000.

Stott, John R, *Christian Counter-Culture*, InterVarsity, Downers Grove, Ill., 1978.

Warren, Rick, *The Purpose Driven Life*, Zondervan, Grand Rapids, 2002. Hay traducción al español titulada *Una vida con propósito*.

Wooding, Dan, *He Intends Victory*, Village Books, Irvine, Calif., 1994. Véase *www.heintendsvictory.com*.

Películas
A Closer Walk. Director Robert Bilheimer. DVD. Worldwide Documentaries, 2002. Véase *www.acloserwalk.org*.
Dear Francis. Directores Brent Gudgel y Jason Djang. DVD. Chronicle Project, 2004. Véase *www.chronicleproject.org*.

Sitios en la red
About, Inc. About.com: HIV/AIDS, *www.aids.about.com*. (Visitado el 5 de julio del 2007.)
AIDS Education and Training Centers National Resource Center, *www.aidsetc. org*. (Visitado el 5 de julio del 2007.)
AIDS Education Global Information System, *www.aegis.com*. (Visitado el 5 de julio del 2007.)
AIDS: Official Journal of the International AIDS Society, *www.aidsonline.com/ pt/re/aids/home.htm*. (Visitado el 5 de julio del 2007.)
amfAR: The Foundation for AIDS Research, *www.amfar.org*. (Visitado el 5 de julio del 2007.)
AVERT: AVERTing HIV and AIDS, *www.avert.org*. (Visitado el 5 de julio del 2007.)
Centers for Disease Control and Prevention, *www.cdc.gov*. (Visitado el 5 de julio del 2007.)
Children's AIDS Fund, *www.childrensaidsfund.org*. (Visitado el 5 de julio del 2007.)
Christian Connections for International Health, *www.ccih.org*. (Visitado el 5 de julio del 2007.)
Clinical Care Options, *www.clinicaloptions.com*. (Visitado el 5 de julio del 2007.)
Ecumenical Advocacy Alliance, *www.e-alliance.ch*. (Visitado el 5 de julio del 2007.)
Elizabeth Glaser Pediatric AIDS Foundation, *www.pedaids.org*. (Visitado el 5 de julio del 2007.)
Global Mapping Internacional, *www.gmi.org*. (Visitado el 5 de julio del 2007.)
HIV Drug Resistance.com, *www.hivdrugresistance.com*. (Visitado el 5 de julio del 2007.)
HIV InSite, *www.hivinsite.ucsf.edu*. (Visitado el 5 de julio del 2007.)
Johns Hopkins AIDS Service, *www.hopkins-aids.edu*. (Visitado el 5 de julio del 2007.)
Henry J. Kaiser Family Foundation, *www.kff.org*. (Visitado el 5 de julio del 2007.)
Medscape, *www.medscape.com*. (Visitado el 5 de julio del 2007.)
National Institutes of Health, *www.niaid.nih.gov/publications/aids.htm*. (Visitado el 5 de julio del 2007.)

PEPFAR: The President's Emergency Plan for AIDS Relief, *www.pepfar.gov*. (Visitado el 5 de julio del 2007.)
Purpose Driven: HIV/AIDS Caring CommUNITY, *www.purposedriven.com/hiv*. (Visitado el 5 de julio del 2007.)
UNAIDS: United Nations Programme on HIV/AIDS, *www.unaids.org*. (Visitado el 5 de julio del 2007.)
United States Department of Health and Human Services, AIDS*info.www. aidsinfo.nih.gov*. (Visitado el 5 de julio del 2007.)
USAID, *www.usaid.gov*. (Visitado el 5 de julio del 2007.)
World Health Organization, *www.who.int*. (Visitado el 5 de julio del 2007.)

Capítulo 4

Libros

Becton, Randy, *Everyday Strength: A Cancer Patient's Guide*, Baker, Grand Rapids, 1989.
Crabb, Larry, *Shattered Dreams*, Nelson, Nashville, 1999.
Eib, Lynn, *He Cares: New Testament with Psalms and Proverbs*, Tyndale House, Wheaton, Ill., 2007.
Evans, Lois y Jane Rubietta, *Stones of Remembrance: A Rock-Hard Faith from Rock-Hard Places*, Moody, Chicago, 2006.
James, Carolyn Custis, *When Life and Beliefs Collide*, Zondervan, Grand Rapids, 2002.
Nouwen, Henri J., *The Wounded Healer*, Darton, Longman & Todd, London, 1994.
Piper, John y Justin Taylor, eds., *Suffering and the Sovereignty of God*, Crossway, Wheaton, Ill., 2006.
Tada, Joni Eareckson y Steve Estes, *When God Weeps: Why Our Suffering Matters to the Almighty*, Zondervan, Grand Rapids, 1997.
Thompson, Janet, *Dear God, They Say It's Cancer*, Howard, West Monroe, La., 2006.
Yancey, Philip, *Where Is God When It Hurts?* Zondervan, Grand Rapids, 1997. Hay edición en español titulada *¿Dónde está Dios cuando duele?*

Sitios en la red

Breast Cancer Stories, *www.breastcancerstories.com*. (Visitado el 5 de julio del 2007.)
CaringBridge, *www.caringbridge.org*. (Visitado el 5 de julio del 2007.)
FamilyLife, *www.familylife.com*. (Visitado el 5 de julio del 2007.)
Joni and Friends, *www.joniandfriends.org*. (Visitado el 5 de julio del 2007.)
Christianity Today, Inc. *Today's Christian Woman*, *www.christianitytoday.com/tcw*. (Visitado el 5 de julio del 2007.)

Capítulo 5

Libros

Beah, Ismael, *A Long Way Gone: Memoirs of a Boy Soldier*, Farrar, Straus & Giroux, New York, 2007.

Borthwick, Paul, *How to Be a World-Class Christian*, Chariot Victor, Colorado Springs, 1993.

Brown, Louise, *Sex Slaves: The Trafficking of Women in Asia*, Virago, London, 2000.

Campolo, Tony, *Speaking My Mind*, W, Nashville, 2004.

Christian, Jayakumar, *God of the Empty-Handed: Poverty, Power and the Kingdom of God*, MARC Monrovia, Calif., 1999.

Farmer, Paul, *Infections and Inequalities: The Modern Plagues*, Univ. of California Press, Berkeley, 2001.

Gross, Craig, *The Gutter: Where Life Is Meant to Be Lived*, Relevant Books, Orlando, Fla., 2005.

Gourevitch, Philip, *We Wish to Inform You That Tomorrow We Will Be Killed with Our Families: Stories from Rwanda*, Picador, New York, 1999.

Guinnee, Os. *Unspeakable: Facing Up to the Challenge of Evil*, Harper San Francisco, New York, 2006.

Haugen, Gary, *Good News about Injustice: A Witness of Courage in a Hurting World*, InterVarsity, Downers Grove, Ill., 1999.

———, *Terrify No More: Young Girls Held Captive and the Daring Undercover Operation to Win Their Freedom*, W, Nashville, 2005.

Karanja, Daniel Njoroge, *Female Genital Mutilation in Africa: Gender, Religion and Pastoral Care*, Xulon, Nashville, 2003.

Kiernan, Ben, *The Pol Pot Regime: Race, Power, and Genocide in Cambodia under the Khmer Rouge, 1975-79*, Yale Univ. Press, New Haven, Conn., 2002.

Melvern, Linda, *Conspiracy to Murder: The Rwanda Genocide and the International Community*, Verso, London, 2004.

Rucyahana, John, *The Bishop of Rwanda: Finding Forgiveness amidst a Pile of Bones*, Nelson, Nashville, 2007.

Sider, Ron, *Cry Justice: The Bible on Hunger and Poverty*, Paulist, New York, 1980.

———, *Rich Christians in an Age of Hunger: Moving from Affluence to Generosity*, Nelson, Nashville, 2005.

Spitale, Lennie, *Prison Ministry: Understanding Prison Culture Inside and Out*, Broadman & Holman, Nashville, 2002.

Stafford, Wess, *Too Small to Ignore*, WaterBrook, Colorado Springs, 2005.

Warren, Rick, *God's Answers to Life's Difficult Questions*, Zondervan, Grand Rapids, 2006.

Zacharias, Ravi, *Deliver Us from Evil*, W, Nashville, 1997.

Películas

Glue Boys. Director Philip Hamer. Narrador Norman Ellis-Flint. DVD. Reason4Productions, 2007. Véase *www.glueboys.com*.
Ghosts of Rwanda. Director Greg Barker. DVD. PBS Video, 2004.
Sometimes in April. Director Raoul Peck. DVD. HBO Films, 2002. Véase *www. hbo.com/films/sometimesinapril/*.

Sitios en la red

Compassion Internacional, *www.compassion.com*. (Visitado el 5 de julio del 2007.)
Family Life. Hope for Orphans, *www.hopefororphans.org*. (Visitado el 5 de julio del 2007.)
Firelight Foundation, *www.firelightfoundation.org*. (Visitado el 5 de julio del 2007.)
Global Economic Outreach, *www.teamgeo.org*. (Visitado el 5 de julio del 2007.)
The Global Fund, *www.theglobalfund.org*. (Visitado el 5 de julio del 2007.)
International Justice Misión, *www.ijm.org*. (Visitado el 5 de julio del 2007.)
Jubilee Campaign USA, *www.jubileecampaign.org*. (Visitado el 5 de julio del 2007.)
One: The Campaign to Make Poverty History, *www.one.org*. (Visitado el 5 de julio del 2007.)
Prison Fellowship, *www.pfm.org*. (Visitado el 5 de julio del 2007.)
Samaritan's Purse, *www.samaritanspurse.org*. (Visitado el 5 de julio del 2007.)
Sojourners/Call to Renewal, *www.sojo.net*. (Visitado el 5 de julio del 2007.)
UNICEF, *www.unicef.org*. (Visitado el 5 de julio del 2007.)
United Nations Interregional Crime and Justice Research Institute, *www.unicri. it*. (Visitado el 5 de julio del 2007.)
World Relief, *www.worldrelief.org*. (Visitado el 5 de julio del 2007.)
World Vision, Acting on AIDS. *www.actingonaids.org*. (Visitado el 5 de julio del 2007.)
World Vision, *www.worldvision.org*. (Visitado el 5 de julio del 2007.)

Capítulo 6

Libros

Arterburn, Stephen, Fred Stoeker y Mike Yorkey, *Every Heart Restored: A Wife's Guide to Healing in the Wake of Adultery*, WaterBrook, Colorado Springs, 2004.
Arterburn, Stephen, Kenny Luck y Mike Yorkey, *Every Man, God's Man: Every Man's Guide to Faith and Daily Integrity*, WaterBrook, Colorado Springs, 2003.
Baker, John, *Life's Healing Choices: Freedom from Your Hurts, Hangups, and Habits*, Howard, West Monroe, La., 2007.

Cloud, Henry, *Changes That Heal: How to Understand the Past to Ensure a Healthier Future*, Zondervan Grand Rapids, 1992.

Cloud, Henry y John Townsend, *How People Grow: What the Bible Reveals about Personal Growth*, Zondervan, Grand Rapids, 2004.

Crabb, Larry, *Inside Out*, NavPress, Colorado Springs, 1988.

Lucado, Max, *In the Grip of Grace*, W, Nashville, 1996. Hay traducción al español titulada *En manos de la gracia*.

Moore, Beth, *Get Out of That Pit: Straight Talk about God's Deliverance*, Nelson, Nashville, 2007.

Winner, Lauren, *Real Sex: The Naked Truth about Chastity*, Brazos, Grand Rapids, 2005.

Yancey, Philip, *What's So Amazing about Grace?*, Zondervan, Grand Rapids, 1997.

Sitios en la red

Celebrate Recovery, *www.celebraterecovery.com*. (Visitado el 5 de julio del 2007.)

Every Man Ministries, *www.everymanministries.com*. (Visitado el 5 de julio del 2007.)

Cloud-Townsend Solutions for Life (Dr. Henry Cloud y Dr. John Townsend), *www.cloudtownsend.com*. (Visitado el 5 de julio del 2007.)

New Life Ministries, *www.newlife.com*. (Visitado el 5 de julio del 2007.)

Ransomed Heart Ministries, *www.ransomedheart.com*. (Visitado el 5 de julio del 2007.)

Capítulo 7

Libros

Blanchard, Ken y Phil Hodges, *The Servant Leader*, Nelson, Nashville, 2003.

Kilbourn, Phyllis, ed., *Children Affected by HIV/AIDS: Compassionate Care*, MARC, Monrovia, Calif., 2002.

Teresa, Mother, *A Simple Path*, compilado por Lucinda Vardy, Ballantine, New York, 1995.

Muggeridge, Malcolm, *Something Beautiful for God*, Harper & Row, New York, 1986.

Nouwen, Henri, *In the Name of Jesus*, Crossroad, New York, 1989.

———, *Out of Solitude: Three Meditations on the Christian Life*, Ave Maria, Notre Dame, Ind., 1984.

Perkins, John M., *A Quiet Revolution: The Christian Response to Human Need, a Strategy for Today*, Word, Waco, Tex., 1976.

Wright, Josephine J. y Glenn Miles, eds., *Celebrating Children: Equipping People Working with Children and Young People Living in Difficult Circumstances around the World*, STL/Authentic, Waynesboro, Ga., 2004.

Capítulo 8

Libros

Green, Terri, *Simple Acts of Kindness: Practical Ways to Help People in Need*, Revell, Grand Rapids, 2004.

Grigg, Viv, *Cry of the Urban Poor: Reaching the Slums of Today's Megacities*, STL/Authentic, Waynesboro, Ga., 2005.

Myers, Bryant, *Walking with the Poor*, Orbis, Maryknoll, N.Y., 1999.

Porterfield, Amada, *Healing in the History of Christianity*, Oxford Univ. Press, New York, 2005.

Shelley, Judith A. y Arlene B. Millar, *Called to Care: A Christian Theology of Nursing*, InterVarsity, Downers Grove, Ill.:, 1999.

Sjogren, Steve, *Conspiracy of Kindness: A Refreshing New Approach to Sharing the Love of Jesus with Others*, Servant, Ann Arbor, Mich., 1993.

Smedes, Lewis, *How Can It Be All Right When Everything Is All Wrong?*, ed. rev., Harper SanFrancisco, New York, 1992.

Capítulo 9

Libros

Barcena, Jean Francis, *The First to Throw the First Stone: Taking Responsibility for Prostitution: A Policy Paper*, Samaritana Transformation Ministries, Inc., Quezon City, Philippines, 2002.

Blackaby, Henry T. y Claude V. King, *Experiencing God*, Broadman & Holman, Nashville, 1994. Hay traducción al español titulada *Mi experiencia con Dios*.

Chambers, Oswald, *Prayer: A Holy Occupation*, Discovery House, Grand Rapids, 1992.

Cloud, Henry y John Townsend, *Safe People: How to Find Relationships That Are Good for You*, Zondervan, Grand Rapids, 1996.

Crabb, Larry, *The Safest Place on Earth*, W, Nashville, 1999.

Fénelon, François, *Meditations on the Heart of God*, traducido por Robert J. Edmonton, Paraclete Brewster, Mass., 1997.

Hybels, Bill, Kevin G. Harney y Sherry Harney, *Community: Building Relationships within God's Family*, Zondervan, Grand Rapids, 1996.

Nouwen, Henri J., *Here and Now: Living in the Spirit*, Crossroad, New York, 2001.

Thomas, Gary, *Seeking the Face of God*, Nelson, Nashville, 1994.

Sitios en la red

Focus on the Family, *www.family.org*. (Visitado el 5 de julio del 2007.)

Pastors.com, *www.pastors.com*. (Visitado el 5 de julio del 2007.)

Samaritana Transformation Ministries, Inc., *www.samaritana.org*. (Visitado el 19 de julio del 2007.)

Capítulo 10

Libros

Bakke, Andrea y Corean Bakke, *Time to Talk in Church about HIV and AIDS*, Bakken, Acme, Wash., 2004.

Blanchard, Ken y Phil Hodges, *The Servant Leader*, Nelson, Nashville, 2003.

Borthwick, Paul, *How to Be a World-Class Christian*, Chariot Victor, Colorado Springs, 1993.

Coleman, Robert, *The Master Plan of Evangelism*, Revell, Grand Rapids, 1993.

Dale, Felicity, *An Army of Ordinary People*, Karis, Calhan, Colo., 2005.

Dickson, Murria, *Where There Is No Dentist*, Hesperian Foundation, Berkeley, Calif., 1983.

Elmer, Duane, *Cross-Cultural Servanthood: Serving the World in Christlike Humility*, InterVarsity Downers Grove, Ill., 2003.

Evans, Tony, *God's Glorious Church: The Mystery and Mission of the Body of Christ*, Moody, Chicago, 2004.

Garrison, David, *Church Planting Movements: How God Is Redeeming a Lost World*, WIGTake Resources, Midlothian, Va., 2004.

Holladay, Tom y Kay Warren, *Foundations*, Zondervan, Grand Rapids, 2003.

Jenkins, Philip, *The Next Christendom: The Coming of Global Christianity*, Oxford Univ. Press, New York, 2002.

Miller, Darrow L. y Stan Guthrie, *Discipling Nations: The Power of Truth to Transform Cultures*, YWAM, Seattle, 1998.

Our Children: The Church Cares for Children Affected by AIDS, World Relief, Baltimore, Md., 2003.

Perkins, John M., *Beyond Charity: The Call to Christian Community Development*, Baker, Grand Rapids, 1993.

Piper, John, *Let the Nations Be Glad*, segunda edición, Baker, Grand Rapids, 2003.

Rowland, Stan, *Multiplying Light and Truth through Community Health Evangelism*, Evangel House Lafayette, La., 1990.

Sider, Ron, *Just Generosity: A New Vision for Overcoming Poverty in America*, Baker, Grand Rapids, 1999.

Stott, John, *What Christ Thinks of the Church: An Exposition of Revelation 1-3*, Shaw Wheaton, Ill., 1990.

———, ed., *Making Christ Known: Historic Mission Documents from the Lausanne Movement, 1974-1989*, Eerdmans, Grand Rapids, 2006.

Sylvia, Ron, *Starting New Churches On Purpose*, Purpose Driven, Lake Forest, Calif., 2006.

Thompson, Chad, *Loving Homosexuals as Jesus Would: A Fresh Christian Approach*, Brazos, Grand Rapids, 2004.

Warren, Rick, *The Purpose Driven Church*, Zondervan, Grand Rapids, 1995.

Weber, Jason y Paul Pennington, *Launching an Orphans Ministry in Your*

Church, Family Life, Scituate, Mass., 2007.

Werner, David, Carol Thuman y Jane Maxwell, *Where There Is No Doctor*, Hesperian Foundation Berkeley, Calif., 1993.

Yamamori, Tetsunao, *The Hope Factor: Engaging the Church in the HIV/AIDS Crisis*, STL/Authentic, Waynesboro, Ga., 2004.

Películas

HIV/AIDS Toolkit: What Your Church Can Do. Rick y Kay Warren y Elizabeth Styffe. DVD. Saddleback Church, 2006.

Sitios en la red

EQUIP, *www.iequip.org*. (Visitado el 5 de julio del 2007.)

Lead Like Jesús, *www.leadlikejesus.org*. (Visitado el 5 de julio del 2007.)

Leadership Network, *www.leadnet.org*. (Visitado el 5 de julio del 2007.)

LifeWind International, *www.lifewind.org*. (Visitado el 5 de julio del 2007.)

Micah Challenge International, *www.micahchallenge.org*. (Visitado el 5 de julio del 2007.)

Purpose Driven, *www.purposedriven.com*. (Visitado el 5 de julio del 2007.)

Serving in Mission (SIM), *www.hopeforaids.org*. (Visitado el 5 de julio del 2007.)

Capítulo 11

Libros

Bonhoeffer, Dietrich, *The Cost of Discipleship*, Touchstone, New York, 1959. Hay edición en español titulada *El costo del discipulado*.

Chambers, Oswald, *My Utmost for His Highest*, Dodd, Mead & Co., New York, 1935. Hay ediciones en español titulada *En pos de lo supremo*.

Companjen, Anneke, *Hidden Sorrow, Lasting Joy: The Forgotten Women of the Persecuted Church*, Tyndale House, Wheaton, Ill., 2001.

Elliot, Elisabeth, *A Chance to Die: The Life and Legacy of Amy Carmichael*, Revell, Grand Rapids, 1987.

————, *Discipline: The Glad Surrender*, Revell, Grand Rapids, 1982.

————, *Shadow of the Almighty: The Life and Testament of Jim Elliot*, HarperCollins, New York, 1979.

————, *Through Gates of Splendor*, Living Books, Wheaton, Ill., 1956. Hay edición en español titulada *Portales de esplendor*.

Fénelon, François, *The Seeking Heart*, SeedSowers, Beaumont, Tex., 1992.

Murray, Andrew, *Absolute Surrender*, Bridge-Logos, Gainesville, Fla., 2005.

Nouwen, Henri, *Can You Drink the Cup?*, Ave Maria, Notre Dame, Ind., 2006.

Saint, Steve, *The Great Omission: Fulfilling Christ's Commission Completely*, YWAM, Seattle, 2001.

Thomas, Gary, *Authentic Faith*, Zondervan, Grand Rapids, 2002.

————, *Sacred Pathways*, Zondervan, Grand Rapids, 2000.

Sitios en la red

Back to the Bible, *www.backtothebible.org*. (Visitado el 5 de julio del 2007.)

Open Doors USA, *www.opendoorsusa.org*. (Visitado el 5 de julio del 2007.)

The Voice of the Martyrs, *www.persecution.com*. (Visitado el 5 de julio del 2007.)

Lo que toda iglesia puede hacer en cuanto al VIH y el SIDA

¿QUÉ VA A HACER SU IGLESIA EN CUANTO A LA PANDEMIA DEL VIH Y EL SIDA? ¿Cómo va a responder a las necesidades de cuarenta millones de hombres, mujeres y niños que están infectados con el virus del VIH? No deje que las estadísticas lo aterren o le desanimen de intentar hacer algo significativo y concreto. En Saddleback nos sentimos abrumados al principio, pensando que necesitábamos tener un plan brillante y complejo para atacar esta pandemia. Sin embargo, en el transcurso de los pasados pocos años hemos aprendido que hay algunos pasos sencillos que *toda iglesia* puede dar para provocar una diferencia.

A continuación hay seis maneras prácticas y eficaces por medio de las cuales su iglesia local puede producir un impacto en la pandemia del VIH y el SIDA. Debido a que esta estrategia se basa en principios bíblicos y no es meramente un enfoque occidental, se puede utilizar en todo país del mundo… en iglesias grandes o pequeñas, que tengan recursos financieros adecuados, pocos o ninguno.

Desarrollo de una estrategia basada en la iglesia: Seis maneras en que su iglesia puede ministrar a los que padecen del VIH y el SIDA

Brinden atención y consuelo para los enfermos

A las iglesias se les ordena cuidar. Ese es su llamamiento. ¡El amor no deja alternativa! Las congregaciones locales son las únicas organizaciones para el cuidado que se hallan en casi toda comunidad del mundo. Los miembros pueden ofrecer cuidado físico y emocional en los hogares y hospitales, así como mediante organizaciones locales que atienden a los moribundos.

Encárguense de los análisis y el asesoramiento

Las iglesias son las organizaciones en que más se confía en las comunidades, así que la gente tal vez esté más dispuesta a que se les hagan los análisis y se les dé asesoramiento allí. Simplemente someterse a los análisis ha demostrado que promueve una conducta más sana. A los miembros se les puede capacitar para que brinden asesoramiento médico, emocional y familiar a los que reciben los resultados de los análisis.

Organicen un ejército de voluntarios

Las iglesias tienen la fuerza laboral voluntaria más numerosa del planeta: más de dos mil millones de miembros. Al mismo tiempo, no hay suficientes profesionales en el mundo para enseñar prevención, administrar tratamiento, y ofrecer cuidado a los que lo necesitan. Imagínese si solo la mitad de todas las iglesias animaran a sus miembros a dar algunos pasos prácticos para atender las necesidades de los que sufren. Hay una enorme fuente de talento y energía no aprovechados sentada sin uso en las iglesias, esperando que se le movilice.

Eliminen el estigma

Las iglesias deben acoger a los infectados. Pueden reemplazar el rechazo con la misericordia. La iglesia debe eliminar el abuso y la enajenación. Ellas ofrecen fe, esperanza, amor, perdón y gracia… un sostén espiritual que ni las empresas ni el gobierno pueden ofrecer.

Promuevan la conducta sana

El VIH y el SIDA son complejos pero sin embargo prevenibles. Las iglesias tienen la credibilidad moral para cuestionar los estilos de vida de alto riesgo, ofrecer normas íntegras para la familia y enseñar la motivación moral para la abstinencia y la fidelidad. Para resistir la presión de los iguales y las recaídas, la fidelidad requiere fe.

Ayuden con alimentos y medicinas

La iglesia tiene la red de distribución más grande del planeta. ¡Y ya está en su lugar por todo el mundo! Las organizaciones vienen y se van, pero las iglesias son parte permanente de la comunidad. Millones de poblaciones tienen una iglesia y nada más. Para que el tratamiento llegue a ser universal, debemos preparar modelos de tratamiento respaldados por la iglesia. A los miembros se les puede capacitar para distribuir medicinas para el VIH y el SIDA y apoyar la nutrición esencial. La iglesia puede ofrecer preparación previa para el tratamiento, educación en cuanto al tratamiento, respaldo a la adherencia, terapia de observación directa (DOT) y entrenamiento para el tratamiento a toda la familia.

Cuesta muy poco implementar esta estrategia de ayuda práctica basada en la iglesia. Algunos de estos pasos no requieren recursos financieros para nada. No se necesita dinero para cuidar a algún necesitado. La prueba del VIH por lo general está disponible de forma gratuita o a un costo mínimo. Enviar voluntarios a la comunidad para enseñarles a las personas en cuanto a las normas morales de Dios para prevenir el contagio del VIH y el SIDA no cuesta nada. Lo único necesario para predicar mensajes de aceptación y estímulo que eliminan el estigma es dejar a un lado los prejuicios. El tiempo es el único costo que representa para los miembros de la iglesia recordarles a los que tienen VIH que tomen sus medicinas.

Esta estrategia no depende de profesionales altamente capacitados, sino de miembros de la iglesia que pueden participar sin mayor entrenamiento. Hay un par de pasos que serán incluso más efectivos cuando los miembros reciben capacitación e instrucción básicas, pero no se trata de un programa que hay que adoptar. Esta estrategia tiene que ver con el corazón, la pasión, y un deseo de producir una diferencia.

Si quisiera aprender más sobre cómo su iglesia puede unirse a la lucha para terminar con el VIH y el SIDA, por favor ordene el recurso «HIV/AIDS Toolkit: What Your Church Can Do» [Conjunto de herramientas para el VIH/SIDA: Lo que su iglesia puede hacer] ($19.99, más gastos de envío) en *www.pastors.com*. La Iniciativa del VIH y el SIDA de la iglesia Saddleback ha compilado este material usando videos y mensajes informativos y educativos que hemos preparado para nuestro ministerio. Debido a que todos estamos en una jornada de aprendizaje, este material continuará desarrollándose con el paso del tiempo. Contiene un DVD con un vídeo y un disco compacto con materiales reproducibles que pueden ayudar a su iglesia a iniciar o fortalecer su ministerio ya existente sobre el VIH y el SIDA.

Asegúrese de visitar *www.purposedriven.com/hiv* para ver el sitio en la red de la Iniciativa del VIH y el SIDA. El mismo se actualiza mensualmente y contiene relatos de individuos VIH positivos e iglesias que están ministrando a personas con VIH y SIDA, vídeos que puede descargar, y noticias al día sobre el VIH. Una oportunidad de conversación en vivo se añadirá pronto.

No espere más para responder a la crisis humanitaria más grande del mundo. ¡Esto es una emergencia! Empiece hoy… con lo que tenga en sus manos y en este mismo momento.

Saddleback Church, Lake Forest, California, 2007
www.purposedriven.com/hiv

Notas

1. Gary Thomas, *Seeking the Face of God*, Harvest House, Eugene, Ore., 1994, p. 95.
2. François Fénelon, *The Seeking Herat*, SeedSowers, Beaumont, Tex., 1992, p. 125.
3. Thomas, *Seeking the Face of God*, p. 91.
4. Fénelon, *Seeking Heart*, p. 79.
5. Fénelon, *Seeking Heart*, p. 99.
6. Fénelon, *Seeking Heart*, pp. 3-4.
7. Fénelon, *Seeking Heart*, p. 25.
8. Henri J. M. Nouwen, *Out of Solitude*, Ave Maria, Notre Dame, Ind., 1974, pp. 42-43.
9. Nouwen, *Out of Solitude*, p. 43.
10. Nouwen, *Out of Solitude*, pp. 40-41.
11. Lewis Smedes, *How Can It Be All Right When Everything Is All Wrong?*, ed. rev., HarperSanFrancisco, New York, 1992, p. 75.
12. Citado en Mother Teresa, *A Simple Path*, Ballantine, New York, 1995, p. 88.
13. Fénelon, *Seeking Heart*, p. 17.
14. Oswald Chambers, *My Utmost for His Highest*, Dodd, Mead & Co., New Cork, 1935, p. 6 (6 de enero). Hay traducción al español con el título *En pos de lo supremo*.
15. Henri J. M. Nouwen, *Can You Drink the Cup?*, Ave Maria, Notre Dame, Ind., 1996, p. 57.
16. Dietrich Bonhoeffer, *Life Together*, HarperSanFrancisco, New York, 1954, p. 94.
17. Dietrich Bonhoeffer, *Letters and Papers from Prison*, ed. Eberhard Bethge, Macmillan, New York, 1971, p. 382.
18. Dietrich Bonhoeffer, *The Cost of Discipleship*, Macmillan, New York, 1959, p. 99. Hay edición en español titulada *El costo del discipulado*.
19. Chambers, *My Utmost for His Highest*, p. 274 (30 de septiembre).
20. John Baillie, *A Diary of Private Prayer*, Scribner, New York, 1949, p. 113.

Guía del lector para la discusión en grupos

De Cindy Lambert

Capítulo 1
Atisbando por las rendijas

1. ¿Alguna vez ha experimentado que Dios obra de forma persistente para dirigir su atención a alguna relación personal, asunto o causa? Si es así, describa un punto decisivo principal en su experiencia al darse cuenta de eso.
2. Kay describe su frustración al pensar que la pandemia del SIDA era un problema tan gigantesco que ella, como persona promedio, no estaba equipada para producir una diferencia. Considere dos o tres problemas mundiales que le preocupan profundamente. ¿Piensa usted que puede tener algún impacto significativo en esos problemas? ¿Por qué sí o por qué no?
3. ¿Cuándo fue la última vez que usted inició una conversación sobre un tema «perturbador»? ¿Por qué las personas evaden tales conversaciones? Conversen sobre cómo las conversaciones pueden ser destructivas o constructivas.
4. Lea la explicación de Kay sobre la riqueza mundial. Según las normas que ella señala, ¿es usted rico? Si es así, ¿concuerda con su evaluación de «culpa legítima»? Conversen sobre por qué sí o por qué no.
5. Considere los ejemplos de este capítulo acerca de María y los McClendon como vidas peligrosamente entregadas a Dios. Mencione un personaje bíblico o ejemplo contemporáneo que ha hecho impresión de una vida peligrosamente entregada. ¿De qué manera le hablan estos relatos? Identifique los factores que lo atraen de estos ejemplos.

Capítulo 2
El reino del yo

1. Prepare una lista de las razones claves por las que no quiere involucrarse demasiado con las personas en extrema necesidad. Reflexione en la pregunta de Kay: «¿Quién o qué puede cambiar su perspectiva de tal manera que en lugar de servirse a sí mismo en realidad *quiera* vivir para servir a alguna otra persona?» ¿Cómo respondería a esta pregunta?
2. ¿Qué identifica Kay como el mandamiento esencial de una entrega peligrosa? ¿De qué manera es este el paso inicial para aprender a ser un discípulo?
3. Kay escribe: «Así es como crecemos hasta llegar a la madurez espiritual». ¿Cómo resumiría usted su razonamiento en sus propias palabras?
4. Kay explica que su creciente comprensión del diseño soberano de Dios produjo una expectación de que él algún día la usaría para sus buenos propósitos. Describa lo que percibe en el presente sobre los propósitos que Dios tal vez tenga reservados para usted.
5. Kay describe el principio ATQ y luego concluye: «Imaginarme los caminos de Dios no es asunto mío. Seguirle lo es». ¿Cuál de los caminos de Dios ha sido el más problemático para que usted lo acepte y siga?

Capítulo 3
Gloriosamente arruinados

1. Kay describe lo que es estar «gloriosamente arruinados». ¿Cómo describiría usted en sus propias palabras lo que ella define con esta frase? ¿Halla la perspectiva de estar gloriosamente arruinado como repulsiva, aterradora, atractiva o deseable? ¿Por qué?
2. Este capítulo describe el concepto de vivir simultáneamente en «tres mundos». Describa los «mundos» de su propia experiencia en la vida hasta aquí. ¿Está usted dispuesto a que Dios introduzca en su vida un nuevo mundo? Reflexione en cómo pudiera ser esto para usted.
3. Kay pregunta: «¿De qué maneras está usted permitiéndole a Dios reordenar su horario, sus finanzas y afectos para poder interactuar con regularidad con aquellos que él ama?» ¿Cómo respondería usted a esta pregunta?
4. El párrafo final del capítulo describe la paradoja de llegar a estar seriamente perturbada y gloriosamente arruinada como lo mejor que Kay jamás haya experimentado. Dado el «costo» que describió, ¿cuál considera usted que es la razón de ella para pensar que los beneficios superan en mucho el costo? Mencione algunas de sus propias circunstancias retadoras en las que las recompensas pesaron más que el muy alto costo.

Capítulo 4
En sus marcas, listos, deténganse

1. Considere un desvío en su propia vida, una ocasión cuando de repente se halló enfrentando un cambio de dirección no deseado. En ese momento, ¿cómo afectó eso su comprensión de Dios y su relación personal con él?
2. Kay identifica dos alternativas frente a la crisis: alejarse de Dios o acercarse a él. Aplique estas dos opciones al escenario de la pregunta 1. Imagínese las acciones y consecuencias que resultarían de alejarse de Dios. Imagínese las acciones y consecuencias que resultarían de acercarse a él. Converse sobre lo que ha descubierto durante este ejercicio.
3. «¿Cuál es la explicación de Dios para este sistema imperfecto?», clamó Kay a su amiga Elizabeth. Sin embargo, ella concluye en este capítulo que Dios es absolutamente digno de nuestra confianza. Explique en sus propias palabras cómo Kay salva la brecha entre estas dos perspectivas al parecer opuestas. ¿Cuál es la condición de su propio «puente» entre la realidad del sufrimiento y la confiabilidad de Dios?
4. Contemple su disposición para atarse a sí mismo al mástil, según lo describe Kay. ¿Qué costo pagaría al hacerlo? ¿Cuál es el costo si no lo hace?
5. Lea Job 23:8-10 y luego vuelva a leer el versículo 9 en voz alta. Note la frase «está ocupado». Imagínese su mayor sufrimiento o sus temores como norte, sur, este y oeste, y luego vuelva a leer el párrafo que rodea al lema de Kay: «Controla lo controlable y deja a Dios lo incontrolable». ¿Qué necesitaría entregar usted para unirse a Kay en ese refrán?

6. Kay describe una epifanía en la choza de bambú con la mujer camboyana que sufría. ¿Cómo transformó su ministerio esta epifanía?

Capítulo 5

Exponiendo el mal

1. Clic. ¿Se identifica con el deseo de Kay de cambiar de canal para evitar verse expuesta al mal en el mundo? ¿Con qué emociones o pensamientos luchó usted al leer este capítulo?
2. Kay escribe: «¿Qué podía hacer yo contra un mal tan detestable? Era nada más que una mujer común». Sin embargo, ella escogió intervenir personalmente en la batalla. ¿Qué la movió de su estado de impotencia a su respuesta proactiva de intervenir?
3. Repase la lista de los que han intervenido en hacer retroceder la oscuridad. Considere las vidas y obras de las personas que usted conoce que están desempeñando un papel activo en llevar la luz a lugares oscuros. Mencione dos que admire y converse del impacto que han ejercido estas personas.
4. ¿Qué armas ha provisto Dios para nuestra batalla contra el mal? Escoja la que halla más estimulante y explique por qué.
5. Kay describe lo que Dios no quiere que hagamos frente al mal. Identifique la respuesta no deseable a la que usted es más proclive de deslizarse. ¿Qué podría fortalecer su resolución de evitar tal respuesta?
6. ¿De qué manera este capítulo le ha hecho sentir incómodo o ha sido un reto para su manera de pensar? Seleccione un pensamiento incómodo de este capítulo que usará para participar en una conversación significativa esta semana.

Capítulo 6

Los espejos no mienten

1. ¿Que quiere decir Kay con la frase: «El espejo no miente»? ¿Le aturdió el cambio de la indignación santurrona a la afirmación dramática: «La cruda realidad es que, dadas las circunstancias apropiadas, cualquiera de nosotros es capaz de cualquier obra»?
2. Lea la cita de Henri Nouwen que sigue a la frase anterior. ¿Está de acuerdo con esta premisa o la rechaza?
3. Considere la metáfora de las Cavernas Carlsbad que menciona Kay. Dedique unos pocos minutos a considerar en privado lo peor que usted mismo tiene enterrado muy adentro en sus propias cuevas subterráneas. ¿Tiene miedo de que Dios se aturda y sienta repulsión por lo que halla allí? ¿Está preparado para invitar a Dios a que inunde las más profundas grietas?
4. Kay identifica una verdad que «lo cambia todo». ¿De qué manera esta verdad lo cambia a usted?
5. ¿Cómo resumiría la conexión de este capítulo entre comprender nuestra

propia depravación y nuestra participación personal para ministrar a las necesidades de otros?

6. Al revisar este retador capítulo, busque todas las buenas noticias, mencionando toda posible verdad que halle alentadora. ¿De qué manera este ejercicio final afecta su respuesta a este capítulo?

Capítulo 7
El don de la presencia

1. En este capítulo Kay describe una transformación en su comprensión de la esencia del servicio compasivo. Haga el contraste entre la comprensión de ella al principio del capítulo y al final.
2. Converse sobre los varios niveles de impacto que podemos tener en los necesitados:
   - proveer trabajo físico
   - decir palabras de verdad
   - sencillamente estar presente en forma compasiva

   ¿Tiende usted a asignarle un valor más alto a un nivel que a los demás? ¿Por qué sí o por qué no?
3. ¿De qué manera el pensamiento de ser un *contenedor de Dios* influye en su impresión de lo que tiene que ofrecer a un mundo que sufre?
4. ¿Por qué muchos de los residentes del leprocomio de las Filipinas que ya estaban curados de la lepra seguían allí? Compare sus experiencias con las de las personas que llevan las «cicatrices» de vidas quebrantadas cuando consideran visitar o unirse a una iglesia.
5. Mencione mejoras específicas que una congregación local puede implementar para llegar a ser un lugar que brinde una mayor bienvenida y seguridad a los que llevan las cicatrices del quebrantamiento.
6. Kay escribe: «Para determinar una diferencia, usted no tiene que poseer una estrategia grandiosa para eliminar la pobreza, el VIH y el SIDA, el analfabetismo, la injusticia, la codicia y el sufrimiento». ¿Qué *se* necesita? ¿De qué manera el percatarse de esto afecta su disposición a involucrarse personalmente con un mundo que sufre?

Capítulo 8
Una decisión deliberada

1. Vuelva a leer la cita de Lewis Smedes. ¿Alguna vez alguien se ha involucrado de forma voluntaria con el sufrimiento que hay en su vida de la manera en que Smedes describe? ¿Alguna vez ha sentido el impulso de Dios para hacer esto en la vida de otra persona? Describa lo que suceda en el corazón de alguien que sufre y está en el extremo de recibir tal misericordia.
2. Dedique unos pocos minutos en privado a quedar vulnerable por completo delante de Dios. ¿Qué hay en este capítulo que le parece más amenazador

para usted o su forma de vida actual?

3. Considere estas palabras: *aturdido, enojado, frustrado, culpable, atormentado, luchando, resistente, agitado, esperanzado, inspirado, llamado, impulsado*. Escoja las tres palabras que más se apropian para describir lo que está experimentando al leer este libro. Explique por qué las escogió

4. ¿De qué manera su comprensión del VIH y el SIDA, la pobreza mundial, la justicia social y las experiencias de los marginados ha quedado afectada por las experiencias y perspectivas de Kay?

5. Vuelva a leer cada pregunta sobre la entrega al final de los capítulos del uno al ocho. Identifique cuál ha sido la más fácil y cuál le ha causado más lucha.

6. Converse sobre algunas oportunidades específicas de las que usted ha llegado a percatarse en las cuales pudiera haberse involucrado en el servicio compasivo.

Capítulo 9
Un vínculo inesperado

1. ¿De qué manera se identifica usted con las percepciones de Kay en cuanto a las prostitutas al inicio de este capítulo? ¿Cómo las compararía usted a sus propias percepciones de las personas que son VIH positivas?

2. Kay escribe: «Hubo profundas verdades espirituales ocultas en ese encuentro con estas mujeres de la calle». Converse sobre las verdades que halla en este encuentro e identifique la noción más inesperada que usted adquirió.

3. Vuelva a leer el relato del encuentro de Kay con el pastor Mike. Escoja una frase sobre la que le gustaría conversar más y conviértala en una pregunta para que su grupo considere.

4. Lea los siguientes versículos que describen las emociones que Jesús sintió: Mateo 21:12; 23:37; Lucas 13:15-16; 17:2; Juan 11:35. Compare esas emociones a lo que usted ha sentido al leer este libro hasta aquí.

5. ¿Cómo describiría usted el descubrimiento de Kay que transformó su desesperanza y desesperación en un vínculo inesperado con Jesús?

6. El título de este capítulo es «Un vínculo inesperado». Seleccione una noción inesperada que usted ha hallado en particular significativa.

Capítulo 10
Brazos que se entrelazan

1. ¿De qué maneras puede usted identificarse con el sentido de desesperanza de Kay al asistir a su primera Conferencia Internacional de SIDA en Bangkok? ¿Qué infiltración del mal en su mundo halla usted abrumadora?

2. Vuelva a leer Hechos 26:12-23 y luego concéntrese en los versículos 17 y 18. Al considerar sus próximos doce meses, ¿es concebible que usted también esté siendo «enviado»? Si pudiera escoger un área de servicio, ¿cuál sería? ¿Esta pregunta le llena de ansiedad o expectación?

3. «El único problema es que eso es imposible». Kay sacude al lector con estas

palabras. Haga una lista con varios ejemplos bíblicos de Dios realizando lo que parece imposible. Mencione los nombres de los siervos que él escogió y fortaleció para que desempeñaran papeles vitales en esos sucesos.

4. En medio de su explicación de la historia de la iglesia cristiana, Kay hace la pregunta: «¿Por qué iba yo a poner mi fe en tal desarrapada pandilla de perdedores? Porque Dios la pone». ¿Cuál es su opinión en cuanto a porqué Dios obra por medio de las personas antes que solo a través de medios divinos y sobrenaturales?

5. Converse sobre la variedad de los papeles que la iglesia ha desempeñado en la historia del mundo: desde lo heroico hasta lo horroroso. Si usted entrevistara a los residentes locales en cuanto al impacto de su iglesia en su comunidad o el mundo, ¿cómo responderían ellos?

6. «No vamos a enfrentar a los Goliats globales armados solo con nuestra honda personal», escribe Kay. Vuelva a leer su descripción de cómo el cuerpo trabaja en conjunto. ¿Cómo puede su iglesia local —cómo puede usted— unir sus brazos al movimiento para llegar a ser las manos y los pies de Dios para un mundo quebrantado?

Capítulo 11
Alguien puede morir hoy

1. ¿Puede usted imaginarse su propio retrato Polaroid de la voluntad de Dios para su vida revelándose con el paso de los años? ¿Qué sabe ahora de los propósitos de Dios para usted que no «veía» todavía hace dos años atrás? ¿Hay algún aspecto de su vida donde lo borroso está dando lugar a una imagen más clara?

2. ¿Cómo es posible que el centro de la voluntad de Dios pueda ser el lugar más seguro para estar y sin embargo el más peligroso?

3. Kay escribe: «La mayor parte de sus seguidores es llamada a pagar un precio mucho más pequeño, aunque cada punto de la entrega puede a veces convertirse en un alto drama mientras batallamos con Dios». ¿Cuáles son los puntos de «alto drama» en su batallar con Dios hasta aquí en su vida? ¿Qué parte han desempeñado ellos en el desarrollo de su madurez?

4. ¿Qué grandes retos de entrega ve por delante? ¿Se halla usted temiéndolos o esperándolos con anhelo? ¿Cómo pueden tales retos modelarle a semejanza de Cristo?

5. De todas las conmovedoras imágenes de este capítulo, ¿cuál ha ejercido en usted el efecto más profundo? ¿Por qué?

Traducciones bíblicas

A menos que se indique lo contrario, todas las citas bíblicas se han tomado de la Santa Biblia, Nueva Versión Internacional.

Todas las citas bíblicas señaladas con las siglas VP se han tomado de la Santa Biblia, Versión Popular, propiedad de las Sociedades Bíblicas Unidas. Usada con permiso.

Nos agradaría recibir noticias suyas.
Por favor, envíe sus comentarios sobre este libro
a la dirección que aparece a continuación

Editorial Vida®
.com

Editorial Vida
7500 NW 25 Street, Suite 239
Miami, Florida 33122

Vida@zondervan.com
www.editorialvida.com